我的高端智库管理之路

罗来军　著

中国财富出版社

图书在版编目（CIP）数据

我的高端智库管理之路 / 罗来军著 .—北京：中国财富出版社，2019.7

ISBN 978-7-5047-6964-0

Ⅰ.①我…　Ⅱ.①罗…　Ⅲ.①咨询机构—管理—研究　Ⅳ.① C932.4

中国版本图书馆 CIP 数据核字（2019）第 140348 号

策划编辑　李彩琴　　责任编辑　戴海林　孟　婷

责任印制　尚立业　　责任校对　孙丽丽　　责任发行　杨　江

出版发行　中国财富出版社

社　　址　北京市丰台区南四环西路 188 号 5 区 20 楼　邮政编码　100070

电　　话　010－52227588 转 2098（发行部）　010－52227588 转 321（总编室）

　　　　　010－52227588 转 100（读者服务部）　010－52227588 转 305（质检部）

网　　址　http://www.cfpress.com.cn

经　　销　新华书店

印　　刷　北京京都六环印刷厂

书　　号　ISBN 978－7－5047－6964－0/C・0225

开　　本　710mm×1000mm　1/16　　版　　次　2020 年 4 月第 1 版

印　　张　16.5　　印　　次　2020 年 4 月第 1 次印刷

字　　数　198 千字　　定　　价　56.00 元

自　序

近年来，党和国家高度重视新型智库的建设与发展，随着《国家高端智库建设试点工作方案》等纲领性文件及《国家高端智库管理办法（试行）》等配套文件的出台与完善，我国新型智库的建设及其作用的发挥进入一个新的阶段。然而，专业化、科学化的高端智库建设并不容易。非科学的智库不仅不能为党和政府的科学化决策提供支撑，反而会帮倒忙。

为什么要撰写这部高端智库管理著作呢？这与我的两份高端智库工作有关，其一，我在首批国家高端智库试点单位中国人民大学国家发展与战略研究院的创办之初负责了中办、国办直报工作，即负责向中共中央办公厅、国务院办公厅直接报送政策内参，在我接手直报工作之后，中国人民大学的评分很快就在全国大学中跃升到了第一名，并且形成了遥遥领先之势，如此优异的成绩也使得中国人民大学在国家高端智库领域名声大振，成为有关部门国家高端智库建设的样板；其二，完成上述工作后，中国人民大学委任我为中国人民大学长江经济带研究院（以下简称长江院）院长，使命是把长江院打造成为全国校地合作的模范智库。长江院仅凭向中央及长江经济带各省（区、市）

部门和领导报送的前 3 期内参，便获得了省部级及以上领导批示 7 次，其中政治局常委批示 1 次，副总理批示 1 次，还收到上海、湖北、广西、云南四省（区、市）的合作邀请、考察调研邀请等，这一现象被认为创造了“智库奇迹”。在智库建设亟须规范之际，我以多年高端智库管理的经验撰写此书，以期对各个新型智库建设有所帮助。

撰写出优秀内参，一直是高端智库所追求的最高目标。然而，撰写优秀内参的挑战性和它的价值同样巨大。因此，如何撰写优秀内参，便成为高端智库管理的头等大事。本书的第一章“中央对我们的政策策划满意吗”和第二章“预判是政策研究的灵魂”，结合作者本人的经历讨论了什么是优秀的内参以及如何撰写。其中一些看法可能会引发争议，比如很多智库机构奉行“唯领导批示论”，在本书中，则提出把能否促进生产力发展和社会进步作为优秀内参的终极标准。这样的争议，恰恰是国家进行智库管理的最佳着力点，从中央到地方，皆应引导内参服务于生产力发展和社会进步。“文字游戏”现象实属误国误民。

立志成为全国校地合作模范智库的长江院，还需要落实一系列的开拓性工作。幸运的是，长江院建设伊始取得了不错的发展，在内参撰写、媒体宣传、课题研究、国家重大事项服务等方面均做出了有益的探索。本书的第三章“新业务新团队新机制”，介绍和分析长江院的一些做法，探讨高端智库的管理模式和业务体系。

服务国家重大事项，是高端智库的重大价值，也是高端智库的珍贵机遇。本书的第四章“第二次长江座谈会”以作者本人的经历，介绍和分析服务国家重大事项的全过程。2018 年 4 月，习近平总书记到长江视察调研并在武汉主持召开深入推动长江经济带发展座谈会。此章按照时间顺序介绍会前的中共中央办公厅内部参阅、会中的总书记讲话跟踪解读、会后的重大事项探析以及中央电视台、中国国际广播电台、《人民日报》《光明日报》《经济日报》等重要机构与作者围绕服务国家事项的互动。

本书的第五章“《长江宣言》的时代价值”，展现了长江院对高端对话、论坛、研讨会等活动的智库功能的创新与发掘。长江院发掘出了专题内参、专家观点、媒体文章等咨政与宣传的重要功能，以“宜宾市贯彻落实习近平新时代中国特色社会主义思想高端对话”为例，发表了《长江宣言》，并整理专题内参，报送给中央及相关部委、长江经济带11省（市）、长江沿线110个城市有关领导和部门，形成了巨大影响。

长江院智库研究的一个重要方向是国家重大战略的落地与执行。本书的第六章“历时两年的《光明日报》整版刊发”和第七章“智库‘猫眼’看宜宾”就是国家长江经济带重大战略在宜宾贯彻的一个影像。《光明日报》整版刊发了我对宜宾扶贫脱贫工作的机制创新调研，该调研总结了可复制推广的经验做法。第七章根据宜宾市的比较优势、改革举措、建设盛况，从六大方面展现宜宾的内涵、风采与前景，即“六个宜宾”：域心宜宾、生态宜宾、产业宜宾、旅游宜宾、科教宜宾、开放宜宾，从中领略宜宾建设川南区域性中心城市、四川经济副中心、成渝经济区发展第三极、西南经济发展第五极的逻辑与依据。

罗来军

2018年12月18日

目 录

Contents

第一章

中央对我们的政策策划满意吗

优异的成绩应该归谁

对于第一份智库工作，我是幸运的，负责了中办 / 国办直报工作，即负责中国人民大学（以下简称“人大”）向中共中央办公厅、国务院办公厅直接报送政策内参的工作。这使我有机会直接接触、学习和领会党和国家的大政方针、重大战略、关键事项等方面的思路、要旨和精神。

开展政策研究和智库建设，是人大对国家治理发展大势的预判，人大在国内较早地重视这项工作，并积极投入资源推进其快速发展。在人大国家发展与战略研究院创办之际，我就开始深度思索智库的作用和价值。我在主观感觉和理性思考上都认为我应在做学术研究的同时，加入政策研究与策划分析。这是因为，我一直认为“学以致用”是学者们应该重视和追求的重要目标，把所学的知识和技能应用于实践，转化为实际的生产力，这样才能对社会的进步起到更大的作用，才能更好地展现个人的价值。

关于直报工作，中共中央办公厅对各个直报点的工作质量和数量有衡量指标和评价，即质量系数，以衡量各个直报点的工作成效。在我接手直报工作之后，经努力，人大的评分很快就在全国的大学中跃升到了第一名，形成了遥遥领先的趋势。最突出的是2016年的成绩，当时人大评分接近1700分，而排第二名的大学才200分多一点。在直报工作上取得如此优异的成绩，不仅使人大国家发展与战略研究院在首批国家高端智库的评选中具有突出的优势，也使人大国家发展与战略研究院在首批国家高端智库之中名声大振，被有关部门作为我国国家高端智库建设的一个样板。

专家有话说

在我接手向中央的直报工作之后，在中办的评分中，人大很快就在全国的大学之中跃升到了第一名，并且很快形成了遥遥领先之势。最突出的是2016年的成绩，在北大、复旦、清华等著名大学以及其他大学之中，人大接近1700分。人大在直报工作上取得如此优异的成绩，不仅使人大在首批国家高端智库的评选中具有突出优势，也使人大在首批国家高端智库中名声大振，被有关部门作为我国国家高端智库建设的样板。

我想强调的是，取得这样优异的成绩，归功于团队，更归功于校领导的指导、同事的协助以及具有优秀政策研究与策划能力的研究人员的内参撰写。

对于中办/国办直报工作的开展，尤其是在这项工作的早期阶段，人大校领导作了指示与部署，并提供了帮助。我开始负责中办 / 国办直报这项工作时，首先，对领导的指示和部署精准理解，以免在贯彻落实时出现偏差，影响学校战略目标的实现；其次，在实际落实的过程中，根据实际情况的变化，采取相应的方式，以便更好地使上报的内参服务于国家建设需要。

怎样撰写优秀内参

当谈到直报工作有效开展时，很多人都关心这样的问题：怎样撰写优秀内参？优秀内参的衡量标准是什么呢？

这两个问题有关联，但又不完全一致。一般情况下，按照优秀内参的标准去撰写内参，就是标准内参的撰写方法了。但是，如果要达到优秀的标准，还需做些解释。这里仅谈谈针对国家层面的内参的写法，主要有三大注意事项：

①内参撰写的对象，即通常意义上所说的选题，要选取国家大政方针、重大战略中的重大问题和关键事项，并结合国内、国际最新形势确定选题的重要性。

②无论是问题分析还是对策建议，都要高度重视依据客观科学的经济、社会发展规律；同时再结合当前的技术、管理等具体条件，增强分析的现实性和政策的可操作性。

③还需注意写作上的一些技巧，比如判断要清晰明确、语言要简洁准确、问题要切中要害、政策要具体精准、结构要合理有序等。

优秀内参的衡量标准是什么

接下来谈谈第二个问题，即优秀内参的衡量标准。国内外既有的智库评价主要是针对智库机构进行评价，而针对内参等智库成果还没有直接、单独的评价体系。结合国内外情况来看，构建对智库成果本身进行直接、单独的评价指标和方法，实施可操作的定量评价，很有必要也极其重要。为解决这样的问题，我们团队构建了对中国智库成果进行直接评价的指标体系，尽力提出一套客观、公正、合理的评价方法，具体内容如表 1–1 及相关说明所示。

表 1–1　　　　　　　中国智库成果评价指标体系

短期评价		
评价对象	评价指标	评价指标的细分指标及客观依据
内参	内参刊物级别	国家级（如中共中央办公厅、国务院办公厅）；省部级（如中宣部《国家高端智库报告》、教育部《教育部简报（高校智库专刊）》、新华社内参、《人民日报》内参、各省市办公厅及省部级内参刊物）；地市厅局级；其他
	领导批示层次	国家级领导批示；省部级领导批示；地市厅局级领导批示；其他领导批示。批示区分一级批示、二级批示
	实际采纳情况	被采纳的情况以及层次，对制定政策、规划、决策等方面产生的影响。根据影响的重要程度进行分级评价：国家层面事项；省部级层面事项；地市厅局层面事项；其他事项；没有采纳。需提供“可核查的逻辑关联的支持材料”。可提供决策参与人的采用见证评述
课题	立项层级	国际级；国家级；省部级；地市厅局级；其他
	课题成果	对于内参、媒体文章、著作、出席资政会议、发表论文、报告这些课题成果，则分别按照各自的指标和标准进行评价

续表

<table>
<tr><th colspan="3">短期评价</th></tr>
<tr><th>评价对象</th><th>评价指标</th><th>评价指标的细分指标及客观依据</th></tr>
<tr><td rowspan="4">媒体文章</td><td>媒体层级</td><td>中央重要媒体与国家级媒体（报纸、电视、广播电台、期刊及新媒体）；省部级媒体；地市厅局级；其他</td></tr>
<tr><td>传播程度</td><td>包括以下指标：①引用频次，文章发表一段时间内，被引用频次；②转摘率（转播率），被中央重要媒体与国家级媒体(报纸、电视、广播电台、期刊及新媒体)、省部级媒体、地市级媒体、其他媒体转载或转播情况；③点击率，文章的点击率、阅读量等</td></tr>
<tr><td>领导批示层次</td><td>国家级领导批示；省部级领导批示；地市厅局级领导批示；其他领导批示。批示区分一级批示、二级批示</td></tr>
<tr><td>实际采纳情况</td><td>被采纳的情况以及层次，对制定政策、规划、决策等方面产生的影响。根据影响的重要程度进行分级评价：国家层面事项；省部级层面事项；地市厅局层面事项；其他事项；没有采纳。需提供“可核查的逻辑关联的支持材料”。可提供决策参与人的采用见证评述</td></tr>
<tr><td rowspan="4">著作</td><td>传播程度</td><td>包括以下指标：①发行册数，纸质图书发行数量和电子图书下载数量；②引用频次，出版后一段时间内被引用频次；③书评摘录情况，著作述评被数据库或文摘的收录情况，可使用《中国出版年鉴》的书评摘录数据；④馆藏借阅量，被图书馆收藏的频次、被借阅的数量；⑤语言版本，被翻译成其他语言出版的情况</td></tr>
<tr><td>获奖情况</td><td>获奖级别：国际级；国家级；省部级；地市厅局级；其他</td></tr>
<tr><td>领导批示层次</td><td>国家级领导批示；省部级领导批示；地市厅局级领导批示；其他领导批示。批示区分一级批示、二级批示</td></tr>
<tr><td>实际采纳情况</td><td>被采纳的情况以及层次，对制定政策、规划、决策等方面产生的影响。根据影响的重要程度进行分级评价：国家层面事项；省部级层面事项；地市厅局层面事项；其他事项；没有采纳。需提供“可核查的逻辑关联的支持材料”。可提供决策参与人的采用见证评述</td></tr>
</table>

续表

短期评价		
评价对象	评价指标	评价指标的细分指标及客观依据
智库类论文（文章）（指对实际产生了影响的论文、文章）	刊物级别	可参照某一著名研究机构确定的期刊级别进行评价评分，比如最新版的《中国人民大学核心期刊目录》《北京大学核心期刊目录》。大致可分为A类、B类、C类及非核心
	传播程度	包括以下指标：①引用频次，论文发表一段时间内，被他引频次；②转载频次，论文发表一段时间内，被《新华文摘》《中国人民大学复印报刊资料》《中国社会科学文摘》《高等学校文科学术文摘》转载的次数；③Web下载频次，论文发表一段时间内，每单位时间平均被网络下载的频次或者累计频次
	获奖情况	获奖级别：国际级；国家级；省部级；地市厅局级；其他
	领导批示层次	国家级领导批示；省部级领导批示；地市厅局级领导批示；其他领导批示。批示区分一级批示、二级批示
	实际采纳情况	被采纳的情况以及层次，对制定政策、规划、决策等方面产生的影响。根据影响的重要程度进行分级评价：国家层面事项；省部级层面事项；地市厅局层面事项；其他事项；没有采纳。需提供“可核查的逻辑关联的支持材料”。可提供决策参与人的采用见证评述
报告	立项级别	报告委托单位的级别：国际级；国家级；省部级；地市厅局级；其他
	传播程度	包括以下指标：①引用频次，报告发布后被引用频次；②网络点击量
	获奖情况	获奖级别：国际级；国家级；省部级；地市厅局级；其他
	领导批示层次	国家级领导批示；省部级领导批示；地市厅局级领导批示；其他领导批示。批示区分一级批示、二级批示
	实际采纳情况	被采纳的情况以及层次，对制定政策、规划、决策等方面产生的影响。根据影响的重要程度进行分级评价：国家层面事项；省部级层面事项；地市厅局层面事项；其他事项；没有采纳。需提供“可核查的逻辑关联的支持材料”。可提供决策参与人的采用见证评述

续表

短期评价		
评价对象	评价指标	评价指标的细分指标及客观依据
资政会议（参与政府政策、法规、规划等制定）	参会层级	所参加资政会议的层级：国际级；国家级；省部级；地市厅局级；其他。需提供参会的证明材料，比如正式邀请函、参会情景资料等
	实际采纳情况	被采纳的情况以及层次，对制定政策、规划、决策等方面产生的影响。根据影响的重要程度进行分级评价：国家层面事项；省部级层面事项；地市厅局层面事项；其他事项；没有采纳。需提供“可核查的逻辑关联的支持材料”。可提供决策参与人的采用见证评述
长期评价		
评价对象	评价指标	评价指标的细分指标及客观依据
所有智库成果	实际成效	实际成效报告：作者提出其智库成果实际影响的效果，以及影响效果的大小程度的报告。评审人根据实际成效进行评价。需提供“可核查的逻辑关联的支持材料”。可提供决策参与人的采用见证评述

中国智库成果评价指标体系的相关说明。

1. 短期与长期的划分

短期与长期是个相对的概念，并不是以时间的长短来划分的，而是以智库成果是否产生了显著的实际成效来划分的。如果智库成果产生了显著的成效，则可以参与长期评价，否则，则应参与短期评价。

在短期评价中，有“实际采纳情况”指标，这与长期评价中的“实际成效”指标是不同的。“实际采纳情况”指智库成果对制定政策、规划、决策等方面产生的影响，“实际成效”则是指对经济、社会等产生了实际的效果。比如一项智库成果制定成了政策，但这对实际情况可能产生影响，也可能没有影响；可能产生好的影响，也可能产生不良影响（比如不科学的政策影响经济发展或社会进步等）。对于产生不良影响的智库成果的重大战略误判，应建立追责机制。

2. “可核查的逻辑关联的支持材料”

“可核查的逻辑关联的支持材料”是指从时间与事件逻辑上能够支持智库成果的“实际采纳情况”“实际成效”。举一个多年前的例子。一内参指出中国的核电设备可以进军国际市场，该内参通过相关渠道上报给中央，中央领导批示相关部门研究，过了一段时间，国家提出鼓励和支持核电设备进军国际市场。对于上述过程，需要提供的“可核查的逻辑关联的支持材料”包括内参、中央领导批示、国家提出鼓励和支持核电设备进军国际市场的决定情况。这 3 项都是可客观核查的，前后的逻辑次序能够很好地支持智库成果对实际采用情况的影响。

如果对“实际成效”进行评价，除了上述 3 项材料外，还需提供实际成效报告，即用事实或数据证明中国核电设备进军国际市场所带来的实际利益，比如促进了对外投资、占领了国际市场、扩大了经贸收入、促进了国内产业发展、增强了国际关系等。

需要注意的是，在这个例子中，是不是相关部门对该内参的研究，促使国家提出鼓励和支持核电设备进军国际市场，这个环节很难客观地确定。但是，几个逻辑关联的事件节点，可以基本上支撑这一推断，这是客体限制条件下最优的客观衡量方式。如果提供决策的参与人采用见证评述，则这个过程就会更加清楚。当然，这样的见证材料并不容易得到，另外，即使有了见证材料，因其带有主观性，未必就是客观实际，因此，该材料不是必需的，只是辅助证明。

3. 客观性、可衡量性、可比较性

该指标体系均采取客观的、可衡量的、可比较的指标，尽力避免主观的评价与评分。使用该指标体系，可以对各项指标赋予相应的分值，其权重应合理、科学，这样才能评价出真正好的智库成果。在权重上，应根据不同指标之间的比较进行设置，以便确定出合理、科学的打分标准。除了评分设置的可比较性之外，任何两篇智库成果，根据指标都可以直接进行比较，能够较容易地确定出评价差异。比如，两篇智库成果都影响了政策制定，那么比较它们对政策制定的具体影响情况，就容易看出哪篇成果的影响程度更大一些。可比较性能够更好地识别智库成果之间的差异。

4. 指标的评价与核算方法

该体系的基本指标是否能够客观公正地对智库成果进行评价，关键在于指标的评价与核算方法，采用不同的指标评价与核算方法会得到不同的评价结果。因此，评价与核算方法至关重要。

为了说明评价与核算方法的实际设定和应用，这里列举一套赋予各个指标分值的评价与核算方法，如表 1–2 所示。在此设置的中国智库成果评价指标体系，为智库成果评价提供了基本指标，各个单位可以根据自身的实际情况和需要，选择指标并设定相应的评价标准和核算方法。

表 1-2　　中国智库成果评价指标的评价与核算方法

短期评价		
评价对象	评价指标	评价指标的细分指标及核算依据
内参（100 分）	内参刊物级别（20 分）	国家级（比如中共中央办公厅、国务院办公厅），16~20 分；省部级（比如中宣部《国家高端智库报告》、教育部《教育部简报（高校智库专刊）》、新华社内参、《人民日报》内参、各省市办公厅及省部级内参刊物），11~15 分；地市厅局级，6~10 分；其他，0~5 分
	领导批示层次（30 分）	国家级领导批示，23~30 分；省部级领导批示，16~22 分；地市厅局级领导批示，11~15 分；其他领导批示，6~10 分。批示区分一级批示、二级批示
	实际采纳情况（50 分）	被采纳的情况以及层次，对制定政策、规划、决策等方面产生的影响。根据影响的重要程度进行分级评价：国家层面事项，30~50 分；省部级层面事项，22~38 分；地市厅局层面事项，15~27 分；其他事项，10~19 分；没有采纳,0 分。需提供“可核查的逻辑关联的支持材料”。可提供决策参与人的采用见证评述
课题（总分不确定）	立项层级（20 分）	国际级，16~20 分；国家级，11~15 分；省部级，6~10 分；地市厅局级，1~5 分；其他，0 分
	课题成果（评分不确定）	对于内参、媒体文章、著作、出席资政会议、发表论文、报告这些课题成果，则分别按照各自的指标和标准进行评价
媒体文章（120 分）	媒体层级（20 分）	中央重要媒体与国家级媒体（报纸、电视、广播电台、期刊及新媒体），16~20 分；省部级媒体，11~15 分；地市厅局级，6~10 分；其他，0~5 分
	传播程度（20 分）	包括以下指标：①引用频次，文章发表一段时间内，被引用频次，8 分；②转摘率（转播率），被中央重要媒体与国家级媒体（报纸、电视、广播电台、期刊及新媒体）、省部级媒体、地市级媒体、其他媒体的转载或转播情况，8 分；③点击率，文章的点击率、阅读量等，4 分。每项分指标参评成果的最高数值得该指标的满分，而后核算其他成果的得分；以引用频次为例，核算方法为某成果的得分 = 该成果的引用频次 ×（8/ 参评成果最高的引用频次）

续表

短期评价		
评价对象	评价指标	评价指标的细分指标及核算依据
媒体文章（120分）	领导批示层次（30分）	国家级领导批示，23~30分；省部级领导批示，16~22分；地市厅局级领导批示，11~15分；其他领导批示，6~10分。批示区分一级批示、二级批示
	实际采纳情况（50分）	被采纳的情况以及层次，对制定政策、规划、决策等方面产生的影响。根据影响的重要程度进行分级评价：国家层面事项，30~50分；省部级层面事项，22~38分；地市厅局层面事项，15~27分；其他事项，10~19分；没有采纳，0分。需提供“可核查的逻辑关联的支持材料”。可提供决策参与人的采用见证评述
著作（130分）	传播程度（30分）	包括以下指标：①发行册数，纸质图书发行数量和电子图书下载数量，5分；②引用频次，出版后一段时间内被引用频次，10分；③书评摘录情况，著作述评被数据库或文摘的收录情况，可使用《中国出版年鉴》的书评摘录数据，5分；④馆藏借阅量，被图书馆收藏的频次、被借阅的数量，5分；⑤语言版本，被翻译成其他语言出版的情况，5分。每项分指标参评成果的最高数值得该指标的满分，而后核算其他成果的得分以引用频次为例，核算方法为某成果的得分 = 该成果的引用频次 ×（10/ 参评成果最高的引用频次）
	获奖情况（20分）	获奖级别：国际级，16~20分；国家级，11~15分；省部级，6~10分；地市厅局级，1~5分；其他，0分
	领导批示层次（30分）	国家级领导批示，23~30分；省部级领导批示，16~22分；地市厅局级领导批示，11~15分；其他领导批示，6~10分。批示区分一级批示、二级批示
	实际采纳情况（50分）	被采纳的情况以及层次，对制定政策、规划、决策等方面产生的影响。根据影响的重要程度进行分级评价：国家层面事项，30~50分；省部级层面事项，22~38分；地市厅局层面事项，15~27分；其他事项，10~19分；没有采纳，0分。需提供“可核查的逻辑关联的支持材料”。可提供决策参与人的采用见证评述

续表

短期评价		
评价对象	评价指标	评价指标的细分指标及核算依据
智库类论文（文章）（指对实际产生了影响的论文、文章）（140分）	刊物级别（20分）	可参照某一著名研究机构确定的期刊级别进行评价评分，比如最新版的《中国人民大学核心期刊目录》《北京大学核心期刊目录》。大致可分为A类，16~20分；B类，11~15分；C类，6~10分；非核心，1~5分
	传播程度（20分）	包括以下指标：①引用频次，论文发表一段时间内，被引用频次，10分；②转载频次，论文发表一段时间内，被《新华文摘》《中国人民大学复印报刊资料》《中国社会科学文摘》《高等学校文科学术文摘》转载的次数，5分；③Web下载频次，论文发表一段时间内，每单位时间平均被网络下载的频次或者累计频次，5分。每项分指标参评成果的最高数值得该指标的满分，而后核算其他成果的得分；以引用频次为例，核算方法为某成果的得分 = 该成果的引用频次 ×（10/参评成果最高的引用频次）
	获奖情况（20分）	获奖级别：国际级，16~20分；国家级，11~15分；省部级，6~10分；地市厅局级，1~5分；其他，0分
	领导批示层次（30分）	国家级领导批示，23~30分；省部级领导批示，16~22分；地市厅局级领导批示，11~15分；其他领导批示，6~10分。批示区分一级批示、二级批示
	实际采纳情况（50分）	被采纳的情况以及层次，对制定政策、规划、决策等方面产生的影响。根据影响的重要程度进行分级评价：国家层面事项，30~50分；省部级层面事项，22~38分；地市厅局层面事项，15~27分；其他事项，10~19分；没有采纳，0分。需提供“可核查的逻辑关联的支持材料”。可提供决策参与人的采用见证评述
报告（130分）	立项级别（20分）	报告委托单位的级别：国际级，16~20分；国家级，11~15分；省部级，6~10分；地市厅局级，1~5分；其他，0分
	传播程度（10分）	包括以下指标：①引用频次，报告发布后被他引频次，7分；②网络点击量，3分。每项分指标参评成果的最高数值得该指标的满分，而后核算其他成果的得分；以引用频次为例，核算方法为某成果的得分 = 该成果的引用频次 ×（7/参评成果最高的引用频次）

续表

短期评价		
评价对象	评价指标	评价指标的细分指标及核算依据
报告（130 分）	获奖情况（20 分）	获奖级别：国际级，16~20 分；国家级，11~15 分；省部级，6~10 分；地市厅局级，1~5 分；其他，0 分
	领导批示层次（30 分）	国家级领导批示，23~30 分；省部级领导批示，16~22 分；地市厅局级领导批示，11~15 分；其他领导批示，6~10 分。批示区分一级批示、二级批示
	实际采纳情况（50 分）	被采纳的情况以及层次，对制定政策、规划、决策等方面产生的影响。根据影响的重要程度进行分级评价：国家层面事项，30~50 分；省部级层面事项，22~38 分；地市厅局层面事项，15~27 分；其他事项，10~19 分；没有采纳，0 分。需提供“可核查的逻辑关联的支持材料”。可提供决策参与人的采用见证评述
资政会议（参与政府政策、法规、规划等制定）（70 分）	参会层级（20 分）	所参加资政会议的层级：国际级，16~20 分；国家级，11~15 分；省部级，6~10 分；地市厅局级，1~5 分；其他，0 分。需提供参会的证明材料，比如正式邀请函、参会情景资料等
	实际采纳情况（50 分）	被采纳的情况以及层次，对制定政策、规划、决策等方面产生的影响。根据影响的重要程度进行分级评价：国家层面事项，30~50 分；省部级层面事项，22~38 分；地市厅局层面事项，15~27 分；其他事项，10~19 分；没有采纳，0 分。需提供“可核查的逻辑关联的支持材料”。可提供决策参与人的采用见证评述
长期评价		
评价对象	评价指标	评价指标的细分指标及客观依据
所有智库成果（排序法）	实际成效（排序法）	实际成效报告：作者提出其智库成果实际影响的效果，以及影响效果的大小程度的报告。评审人根据实际成效进行评价。提供“可核查的逻辑关联的支持材料”。可提供决策参与人的采用见证评述。根据参评智库成果的实际成效与大小程度进行排序。比如，排在第一位的为一等奖，排在第二、第三位的为二等奖，排在第四至第六位的为三等奖

通过上述分析，我们已经知道了优秀内参与咨政材料的衡量标准。那么，内参的最终目的是什么？我认为其最终目的是促进生产力发展和社会进步，而不是内参刊发的级别、领导批示、获奖，也不是政策、规划、决策等被采纳与否。当然，上述情况会有助于内参对生产力发展和社会进步产生作用，但它们只是过程或者手段，而不是真正的目的。如果内参刊发的级别很高，领导批示层级很高，获奖档次很高，政策、规划、决策等被采纳程度也很高，但对生产力发展和社会进步没有产生实际的作用，这样的内参在内参刊发、领导批示、评奖、政策规划与决策等多个环节，消耗了大量精力、时间和资源，却没有正向产出，因此，不但不是优秀内参，而且是不及格内参。

优秀内参的终极之问

至此，可以总结出优秀内参的衡量标准应该是其能否促进生产力发展和社会进步。所以，撰写内参所追求的终极标准是看它能否促进生产力发展和社会进步，而不是获得领导批示、获奖等事项。与此同时，我们也不能忽视获得领导批示、获奖等事项有助于内参对生产力发展和社会进步产生积极作用。那么，我们在撰写内参时，既要对内参是否能够促进生产力发展和社会进步作出预判，也要考虑其能否得到重视，并运用到实际中。

当前很多智库机构非常注重内参的领导批示以及内参刊发的级别，而对内参的实际运用并不重视，甚至内参是否被政策、规划、决策等采纳也不重视，也没有相应的奖励措施。这种做法对内参的引导以及对智库机构建设的引导都是有问题的。认可标准和奖励机制要注重对生产力发展和社会进步产生的实际作用，而不要走向“批示治国”“文件治国”“政策治国”甚至是“文字游戏”的误区，即有批示了、有文件了、有政策了，就意味着治理了，而不去关注和深挖有没有实际的效果。

专家有话说

关于优秀内参的衡量标准，我想提出内参的终极之问，以及给出终极之答：内参的最终目的是什么？最终目的是促进生产力发展和社会进步，不是内参刊发的级别、领导批示、获奖，也不是政策、规划、决策等被采纳。然而，领导批示、政策采纳等有助于内参对生产力发展和社会进步产生作用。那么，我们可以把能否促进生产力发展和社会进步作为优秀内参的终极标准；把领导批示、政策采纳等作为优秀内参的过程标准。我们最关心的，应该是终极标准。

创办《国家治理研究》的坚决性

自党的十八大以来，在全面深化改革进程中，党中央将智库建设上升为国家战略。进入新时代，新型智库建设进入了快速发展阶段。

党和国家领导人就建设中国特色新型智库发表了一系列重要论述和指示，《国家高端智库建设试点工作方案》等纲领性文件及《国家高端智库管理办法（试行）》等配套文件的出台，提供了日趋向好的政策环境。人大作为国家高端智库，政策直报、内参等产品都做得非常出色，个人认为如果再创办一份深度解析政策的智库期刊，人大的智库服务体系就更完善、更深刻了。因此，在有关领导的关心和支持下，我力主创办《国家治理研究》作为深度解析的智库类期刊。在创办之初，《国家治理研究》的定位就很高，比如顾问，要邀请副部级及以上的重要专家和政策研究人员。

首期《国家治理研究》即获总书记批示

大树之下好乘凉。《国家治理研究》在国家高度重视咨政的大环境下，一创办便获得了重大收获，并获得了习近平总书记的批示。在创办之初，很多工作的推进还是比较艰难的，比如发行问题。由于是刚创办的新期刊，发行渠道和客户群体都很有限，发行量比较小。但是，由于《国家治理研究》的高端站位，一开始就获得了较大的影响力，比如刚刚提到的获得总书记批示。除此之外，《国家治理研究》在国外已有订阅，这表明智库类期刊的创办顺应了国内外发展大势。

第二章

预判是政策研究的灵魂

关于两篇网上传阅文章的思考

2018 年 8 月，有两篇人大国家发展与战略研究院研究员的文章在网上广泛传阅，一篇是杨其静教授 2016 年发表的文章《特朗普当选，中国面临巨大挑战》，网友们评论指出，这篇文章提前两年预判了特朗普当选后美国可能会对中国的制造业进行打击。

另一篇文章是《人大智库还成功预判了中美贸易战、欧美联手、汇率冲击……》，是智库研究人员对人大智库在预判方面的研究的进一步介绍。这篇文章主要对我的相关研究进行了介绍，其第一段是这样描述的："在中美贸易战打响之际，关于人大杨教授成功预判特朗普会对我国制造业进行打击等内容的文章广为传播。而人大智库还成功预判了更多，在特朗普当选之际，人大国发院主管领导刘元春副校长认识到美国问题将一直是重要的战略问题，组织团队展开多方面的深入研究。人大罗来军教授 / 院长的研究成功预判了中美贸易战、欧美联手、汇率冲击……，在两年后成为现实或者正成为现实。"作者的介绍与事实是有些出入的，上述研究不是我一个人完成的，而是与国务院发展研究中心一位研究员合作完成的。

这两篇文章引发了我的思考：一是，预判对于政策研究而言，非常重要，很多事情只有提前预判到，提前制定对策，才能有效应对，如果等事情发生再慌忙采取措施，就迟了。而预判对于一个国家、一个地区的重大事项来讲，其重要性更高，缺乏预判所导致的被动与危害，可能是惨重的，甚至是致命的；二是，能够做到预判，即作出正确的预判，是难能可贵的，那么，如何才能较好地进行预判呢？同时，如果给出错误预判，其危害可能是无法估量的。以上思考促使了我撰写此章，向读者介绍一些与预判相关的内容。

主流经济学家并没有整体输给特朗普

2018 年 7 月下旬，网络上发出一篇文章《主流经济学家为什么个个都输给川普》，很快在微信上广泛传播，并获得多人点赞。这篇文章的一些片段如下：

“日前，美国宣布，经济实际 GDP 增速为 4.1%，名义 GDP 增速为 5.4%。这样的经济速度，是美国过去 40 年来从未出现过的经济奇迹，连一直信心满满的总统川普都深感惊讶。

“有趣的是，在川普上任的时候，众多主流经济学家一直不看好川普的经济策略，诺贝尔经济学家克鲁格曼直接宣布，川普在第一年就会迎来经济大萧条，第二年则会让美国经济崩溃。

“同样是诺贝尔经济学家，斯蒂格利茨则认为，川普的经济策略是美国经济巨大的灾难。

“奥巴马政府的首席经济学家 Jason Furman（杰森·福尔曼）则认为，川普不懂经济，大话连篇，给出的数据过高，他说，川普认为 GDP 增长能够超过 3%，这无疑是在做梦。

“小布什政府的首席经济学家 Edward Lazear（爱德华·拉泽尔）则语带嘲讽地说：‘想超过 3% 吗，也许，祷告吧！’

“CNN（美国有线电视新闻网）采访了 11 位经济学家，没有一个人认为，川普的经济增速能达到 4%，所以经济学家 Robert Brusca（罗伯特·布鲁斯卡）说：‘猪是飞不起来的，川普在做梦’。Robert Brusca 可谓大名鼎鼎，他曾经是联合国粮农组织的首席经济学家。

“事实上最醒目的经济学家行为，是川普还在竞选阶段，还没有最终赢得选举的时候，24 名主流经济学家就联合发表声明，反对川普提出的经济思路，称如果川普获得选举的胜利，不仅美国经济会走进低谷，世界经济也会进入大萧条时代。

“如今，两年过去，特朗普的经济成就耀眼得像启明星，美国的经济可谓热气腾腾，股市一路高走，大量停工的企业重新开始生产，连黑人的就业率都达到前所未有的 6%。川普在共和党内的支持率达到 86%，国内支持率也达到 48%。这些极其漂亮的数字，连很多靠假新闻支撑门面的媒体也不得不老实承认，川普的经济效果实在是太好了。”

该篇文章还进一步分析了主流经济学家对特朗普的经济政策预测错误的原因，并进一步指出：“川普取得这么漂亮的经济成绩，他到底做对了什么呢，答案其实也非常简单，川普仅仅是回到了斯密传统，回到一种保守主义的经济学智慧。具体而言，就是回到三大措施：第一是减税；第二是缩小政府的经济权力，让企业家和消费者主导市场；第三是重振美国的制造业。”①

我在这里引用该文章，并不是与读者讨论主流经济学家为何都预测错了，更不是讨论预测错的主要原因。而是想借此文章分析一下特朗普当选时人们对其执政效果的预测情况。至少有主流经济学者预测到了特朗普带来的经济繁荣，我当时就是这么认为的，也是这么说的：“特朗普要减税，要加大基础设施投资建设，要振兴制造业，根据美国经济的当时状况，这些措施正是美国经济所需要的，这正是能提高发展速度的措施。”这里我强调一点，特朗普的这些措施是提振美国经济，并不是直接地追求经济增长速度。

一些主流经济学家不看好特朗普，并不是他们不懂经济理论，也不是他们不懂斯密传统，更不是主流经济学的错误或无能，而是这些经济学家不相信特朗普能够把其政策主张实施好。我也怀疑特朗普政策的落地程度，为此当时还说过：“特朗普成功的程度，取决于其政策的执行程度。”但是，我相信，正是因为特朗普是商人，而少了传统政治家对政策推行需平衡多方利益的顾虑，反而有助于政策落地，其不足之处是对政策的影响机制难以有很清晰的认知，会出现一些盲目性。而正是因为很多人夸大了这种盲目性，导致了其对特朗普的根本性误判。

在特朗普当选之前，我国许多人士对特朗普的预判虽然说法不同，但在方向上基本一致，即特朗普要搞垮美国。甚至还有预判：“特朗普

① 苏小和，三一模型研究所．主流经济学家为什么个个都输给川普 [EB/OL].（2018-07-31）[2019-06-18] http://finance.sina.com.cn/rereiew/hgds/2018-07-31/doc-ihhacrcc9521008.shtml

瞎搞，其本人的生命都难以保住。”在经济上，绝大多数人并不认为特朗普能够治理好美国，特朗普的很多政策措施异想天开，根本不具备可行性，比如减税，即使特朗普想推行，也会被美国的体制给否决掉。在国际上，作为商人，缺乏基本的世界政治家思维，推行逆全球化，与世界为敌，会陷入孤家寡人的地步。在对待中国的问题上，美国国内经济受损、国际孤立，根本无力也无暇与中国打贸易战，更不要说更多的中美较量了。在上述背景下，我给出特朗普将是一位成功的总统的说法，是很孤立的，也被大家认为是缺乏判断力的。我记得当时和一位很有名的智库专家讨论特朗普，其对我的看法不屑一顾，他说：“特朗普当选我预测到了，我预测特朗普肯定给中国造成不了什么影响，一定会这样的。”

人大智库潮水退后显高低

在 2018 年 8 月初，人大杨其静教授的文章《特朗普当选，中国面临巨大挑战》突然走红，微信、微博纷纷转发。有网友指出：

“只可惜这样的学者实在太少了。中国的许多学者两年前连特朗普能当选总统都感意外，媒体还在忙着嘲笑美国大选的丑陋，很多人还把商人特朗普从政当作一个笑话看，根本没有认真研究过特朗普。主流的声音还沉浸在一种大国情怀里，并不把特朗普当回事。”

如今再读读这篇文章，不得不感叹一句：如果当时杨教授的判断被采纳并采取相应对策的话，中美关系应该不至于走到今天这种局面，战略机遇期不会这么早早结束。

潮水退去之后，才知道谁在裸泳。

网友们的评论反映出，大家是多么希望学者能够对关乎国运的重大战略事项进行准确预判，厌恶甚至憎恨那些妄言者。在国家利益遭遇挑战时，方显出杨其静教授这一类学者预判的宝贵与难得。在此，我先谈谈杨教授这篇文章刊发的背景。

当时，杨教授正好在美国访问，有机会直接观察竞选情况，并花了大量时间关注和研究这场大选。

杨教授说："2016 年 2 月初，我来到美国加州大学伯克利分校做一年访问学者。我的专业是组织西方经济学，尤其是对讨论政治经济制度对经济和社会发展的新政治经济学特别有兴趣。美国无疑是当今最重要的西方国家，因此近距离地亲身感受一下美国社会经济是我这次来美国的重要原因。到了美国之后，我很快就意识到我可能遇上了千载难逢的机遇——一场可能决定美国发展方向的总统大选正在展开！于是我每天花大量时间去跟踪美国大选并很快意识到特朗普很有可能赢得大选，因为他代表了那些因全球化而利益受损的中下层的诉求——他们是被美国精英阶层鄙视、没有主流媒体资源但有选票的沉默大多数。

"然而，当特朗普在 11 月 8 日真的'出乎意料'地当选美国第 45 任总统之后，我却莫名其妙变得焦躁起来，甚至在 2016 年 11 月 11 日凌晨做了一个噩梦：我非常放松而高兴地和家人出门了，但很快意识到没有锁门；立刻返回家，但发现已经被盗——钱包还在，但现金和所有信用卡已被盗匪拿走，而且信用卡已被刷爆了…… 我立刻惊醒，再也无法入睡，问自己为什么会做这样的噩梦？我突然意识到：特朗普当选美国总统很可能是中国噩梦的开始！我也无法再入睡，觉得有必要写点什么。”

于是，杨教授撰写了《特朗普当选，中国面临巨大挑战》的文章，发给了我和国发院一位领导。杨教授很严谨，文章发来之后，又做了两次修改和完善。我们一看到杨教授的文章，就立即意识到这是一篇难得的好文章：一是杨教授更了解美国的实情，二是杨教授并不像国内有些人一样草草就下了结论，为此，文章很快就被人大国家发展与战略研究院采用了。

杨教授在文章的首段指出：“美国的 2016 年 11 月 8 日，政治素人、亿万富翁唐纳德 · 特朗普（Donald Trump）‘出人意料’地击败被各种主流民调看好的前国务卿希拉里，当选第 45 任美国总统。虽然他的当选在美国国内引起前所未有的抗议浪潮和盟国的无比担心，却被不少中国人视为中国崛起的一个战略机遇——商人特朗普可能将采取孤立主义政策并将主要精力集中在美国国内经济发展上，从而使中美之间可能通过商业性质的谈判来达到合作共赢的局面。然而，这很可能是一种过于乐观且非常危险的战略误判。事实上，正是在这种轻意识形态而聚焦经济竞争的执政思想指导下，作风彪悍的特朗普政府最有可能毫不掩饰地抛开各种面纱，集中火力，采取各种政治经济手段对中国经济，尤其是中国制造业实施精准打击。因此，特朗普的当选很可能对中国形成前所未有的挑战。”

杨教授还在文章中指出：“美国第 45 任总统唐纳德 · 特朗普具有非常卓越的战略眼光、战术技巧、极具挑战精神且战斗作风彪悍。在‘美国优先’的执政理念下，特朗普很可能会更有效地利用美国现有的超级大国地位，采取各种非常规手段改变各种游戏规则，促进资本，尤其是制造业资本回流美国，为美国创造就业机会并促进经济增长，从而重塑美国国内和国际的政治经济格局。因此，不能排除特朗普真的会成为美国人心目中又一个伟大总统的可能性。可是对其他国家，尤其是中国却意味着前所未有的挑战。”

杨教授对特朗普的上述预测，在两年后的今天，变成了现实。又由于出现了大量的干扰正确预测的错误预判信息和言论，相关部门没有做好应对特朗普行为的切实举措，这使得智库的正确预判显得更加难能可贵。

还有哪些方面正确预判了特朗普

人大国发院在特朗普当选后，组织了研判特朗普的团队，从政治、经济、贸易、全球化多个角度研判特朗普的未来决策以及对中国的影响。首先，我想指出，虽然是一个团队，但大家对特朗普的态度也不一致，也有人认为特朗普不靠谱，其对中国的威胁不会很大。当然，团队研究还是提出了很多有见地、有预见性的分析和结论。这里仅仅向读者报告一下我与国务院发展研究中心一位研究员的研究结论。

首先，高度评价了特朗普，并不认为其不靠谱，指出：特朗普作为一个毫无政治经验的局外人，自始至终都不为美国多数主流媒体、社会精英，甚至共和党内部部分人士所看好，但他一路过关斩将，并最终问鼎美国总统宝座，这主要归功于特朗普看出了美国政治经济存在的主要问题，即全球化背景下底层劳工阶层与精英阶层利益失衡、贫富差距拉大和恐怖主义威胁盛行、国民普遍缺乏安全感。特朗普成功利用这一点，大胆挑战美国现行经济外交政策，打出“使美国再次强大”和“美国优先”的竞选口号，赢得了各类对现实不满的人群的支持。特朗普能在与政治明星人物、老牌政治家希拉里的竞争中取得胜利，表明他有过人之处。特朗普的政见虽不按套路出牌，但简洁明了、大胆务实，具有较强的冲击力，应给予足够的重视。

其次，“强势美元”问题是最大威胁。对于货币金融政策，特朗普坚持传统的做法，即实施价格稳定的稳健中性货币政策。通过货币政策实施达到价格稳定以及实现充分就业，是美联储的两大职责，同时，其还要监督金融体系的风险。为此，特朗普基本上会采取扭转低利率和宽松货币的政策，以稳定的价格环境和金融环境来推进实体经济与制造业的发展与繁荣。美国扭转低利率和宽松货币的政策，会出现“强势美元”现象，尤其是在世界各国普遍货币放水的情况下。未来对我国威胁最大的是“强势美元”问题，其可能导致我国资本持续外流，由此引起的资产负债表变化和金融波动，可能让过度杠杆化的我国经济面临巨大压力。“强势美元”再加上减税政策，可能会吸引大量投资从我国向美国转移。资金的跨国流动也将影响我国的汇率机制。但要注意，特朗普的这一做法，也可能产生正的外溢效应，比如对世界各国货币放水的行为会起到抑制作用，有利于促使各国更加关注实体经济的发展。

最后，中美贸易战难以避免。在贸易与全球化的问题上，特朗普全盘颠覆了共和党几十年以来所秉持的观念。他强烈反对现行的自由贸易政策，称美国经济将会因此而倒退，采取更加强硬的贸易保护主义政策，宣称将废除跨太平洋伙伴关系协定（Trans-Pacific Partnership Agreement，TPP），重新评估现有多边自由贸易协定，包括北美自由贸易协定（North American Free Trade Agreement，NAFTA），对进行“不公平倾销和补贴”的国家征收处罚性关税，采取更严厉的贸易制裁措施。特朗普认为自由贸易使得美国制造业的就业机会大量流向中国、墨西哥等拥有廉价劳动力的国家，使得美国制造业的劳动岗位越发稀少，因此取消自由贸易协定、提高贸易壁垒将使得美国制造业重返美国本土，提供更多的就业机会，大幅减少贸易逆差。美国保护主义的增强，中国、墨西哥所受影响最大。对中国、墨西哥而言，由于美国是两国最大的出口目的地，出口下跌将会严重拖累经济，导致经济恶化，进而形成巨大的汇率贬值压力。

在贸易方面，特朗普对我国更加强硬，认为是由于我国加入了WTO才导致了美国国内超过50000家工厂倒闭和1000多万工人失业。2016年12月21日，特朗普宣布在白宫成立一个新的全美贸易委员会（National Trade Council），主要为振兴美国制造业服务。这个委员会的主席人选为彼得·纳瓦罗，此前纳瓦罗一直担任特朗普的贸易政策顾问。他是一个著名的“对华鹰派”“中国威胁论者”，曾出版过两部书：《卧虎：中国军事化对于世界意味着什么》《致命中国：美国是如何失去其制造业基础的》。他曾是加州大学尔湾分校的教授，建议逐步增强与台湾的联系，包括在潜艇研发计划中提供协助。他又建议美国政府应停止奉行“一个中国”政策，但并未建议承认“台独”。特朗普对华进口商品征收45%关税的建议在现实中未必能够得到实施，但是，这样的建议和纳瓦罗的主席任命传达了一个非常明确的信号：特朗普会对从我国进口的特定商品征收惩罚性关税。

全球化给美国带来的好处，主要体现在资本所有者和高素质劳动力身上，而低技能劳动力多为受损者，而且随着其他国家竞争力的提升，中产阶级的饭碗也不稳固。要解决这个问题，美国希望限制制造业产品进口以及限制移民，实行“再工业化”，支持制造业回归，将“流向海外的制造业就业机会重新带回美国本土”。上述情况表明，中美贸易战不可避免。

该研究报告根据特朗普的施策思路以及可能带来的影响，提出我国对外开放战略的再定位与调整：顺势而为参与和主导国际事务，包括利用特朗普腾出的国际空间实现顺势拓展、撬动区域性贸易投资合作、加强双边贸易投资合作、把“确立规则”“构建秩序”作为处理国际事务的重要方法等具体措施；促使中美开展“多层次的问题磋商”，争取中美两国元首会面，以“习特会”提升两国的战略合作性，既探讨经济、外交、安全等具体事务，又要在制度道路、国际原则上达成一定程度的谅解以及相互协调与适应。

研究报告于2016年年底开始撰写，2017年1月初成稿，提出期待“习特会”，而中美两国2017年3月30日同时宣布，中美元首2017年4月6日至7日在美国佛罗里达州海湖庄园举行会晤。在当时的历史条件下这次会晤取得了积极进展。

对于两个大国的战略性交涉，需在发展模式、制度道路、国际原则上进行沟通，达成一定程度的谅解和支持，并在一定程度上的相互协调与适应。特朗普在国际上不强调意识形态区分，但他以制度道路分群站队。为此，这个层次的磋商就非常关键，如果形不成谅解，中美之间对抗的危险就会加剧。

这个层次的战略性更强，甚至意味着新的国际格局，这一点可能是 21 世纪最大的战略动向。一旦出现以意识形态分群站队的情况，并出现新的国际合作格局，对我国的影响将是深远的和根本的。

上述预判是在 2016 年年底提出的。2018 年 7 月 25 日，美国总统特朗普与欧盟委员会主席容克举行了会晤。特朗普表示欧美意见一致，首先将共同致力于努力实现零关税、零贸易壁垒及对非汽车工业产品的零补贴。一方面，中美在打贸易战；另一方面，欧美在推进和实现零关税。2018 年 8 月 1 日（美国时间），美国参议院以 87:10 通过了参众两院同一版本的 2019 财年国防授权法案，这从意识形态上表明对抗中国的程度在加重。一旦这种经济上的合作与对抗，顺沿着意识形态、制度道路的因素不断扩大与升级，不同制度之间的经济不合作将成为世界上最大的政治难题，也是世界各国面临的最大经济风险与挑战。

专家有话说

根据经济形势、特朗普行为特征等因素，成功预判了中美贸易战、欧美联手、汇率冲击等情况。但是，如果特朗普在国际上以意识形态分群站队，那将是 21 世纪最大的战略动向，如果不化解，甚至会导致出现新的国际格局。

历经近两年时间被中央采纳的政策建议

中共中央政治局2018年7月31日召开会议，分析研究当前经济形势，部署下半年经济工作，审议《中国共产党纪律处分条例》。会议要求：保持经济平稳健康发展，坚持实施积极的财政政策和稳健的货币政策，提高政策的前瞻性、灵活性、有效性。财政政策要在扩大内需和结构调整上发挥更大作用。要把好货币供给总闸门，保持流动性合理充裕。要做好稳就业、稳金融、稳外贸、稳外资、稳投资、稳预期工作，保护在华外资企业合法权益……

这次会议提出六稳，其中稳就业放在第一位。这是中央首次采用“稳就业”的提法，这距离我首次在内参中提出“稳就业”的建议将近两年的时间。在2016年秋季，我对该年度召开的中央经济工作会议提出建议，呈报给中共中央办公厅，其中部分内容如下。

> 建议把主题确定为“稳就业、防风险、提结构”。
>
> 我国经济工作者和研究者更多地提到的是稳增长，而本建议提出稳就业，是基于当前的宏观经济形势和相关宏观经济理论。主要考虑以下几个因素。
>
> ①就业的稳定是一个国家经济和社会稳定的重要基础。如果实现了就业稳定，即使经济增长缓慢一些，社会也不会出现较大波动。相反，如果一个国家实现经济高速增长的同时，失业严重或者收入差距严重分化（收入差异来源于就业的报酬差异），也将面临骚乱的危险。中国之所以没有像很多国家那样

在经济增速回落中出现社会骚乱，一个重要的原因就是中国始终保证了就业的相对稳定。2017 年为党的十九大召开之年，经济社会的稳定尤为重要。同时，找到更好反映经济社会稳定的考察指标，对国家长远的可持续发展亦有重要意义。

②我国改革开放以来，经济增长保持了非常高的速度，平均年经济增长率超过 9％，这创造了当代经济增长的新纪录，目前 GDP 总量比改革开放初期提高了近 30 倍。我国经济比日本、韩国所保持的高速增长时期更长。长时期的高速增长一方面带来了经济财富的大量积累，另一方面也带来了一些问题和后果，比如环境污染、产能过剩、“三高三低”产业结构（高消耗、高污染、高排放；低技术含量、低附加值、低竞争力）。在这种情况下，宏观调控目标再紧盯数量型扩张的增长目标已经失去早期的意义，再考虑到我国人口众多，那么，转为盯住就业目标就具有更强的导向意义。稳就业的目标导向，会减弱稳增长所带来的增长压力，减轻为了追求 GDP 增长而不得不进行的各种增长刺激以及重复投资、低效率投资、高污染投资的压力。

③稳就业的目标使宏观调控更精准化、直接化。就业目标体系包括两个核心目标，一个是城镇调查失业率，另一个是城镇新增就业。城镇调查失业率衡量了城镇的失业水平，一般而言，只要失业率没有出现明显上升，城市经济社会就能够保持相对稳定。但是对于中国而言，还有一个特殊的国情就是，中国同时处于快速城市化和劳动技能升级换代的过程中，这就要

求在盯住失业率目标之外，还应该重点关注城镇新增就业指标，否则城市劳动力市场将无法吸纳新进入的劳动力而出现失业压力。就 2017 年而言，城镇新增就业人数需要保持 1100 万的目标，才能使失业率不出现明显上升。主要依据在于，过去 3 年中国城镇新增就业人数平均为 1314 万人，普通高校与中等职业学校毕业生总数平均为 1307 万人，这种匹配是中国在过去几年经济持续回落中，仍然保持经济社会稳定的核心因素之一。考虑到劳动人口拐点的到来，根据近两年的变化趋势，2017 年普通高校与中等职业学校毕业生总数预计下降到 1100 万人，这就要求 2017 年中国城镇新增就业人数需要达到 1100 万人，才能保证失业压力不会出现明显上升。

由于中央进行通盘考虑，2016 年中央经济工作会议没有采用稳就业的提法。在 2016 年中央经济工作会议之后，各大媒体邀请我进行解读，我还是从稳就业的角度阐释其重要的意义。《光明日报》在 2016 年 12 月 22 日刊发了我的文章《确立稳就业目标导向》，内容如下。[①]

确立稳就业目标导向

稳就业对当前发展阶段具有很强的导向意义。稳就业的目标还能使宏观调控更易于操作和评价。确立稳就业的目标导向，守住“稳”的底线并释放资源与政策空间，是我国在当前复杂形势下更好地推进经济和社会发展，必须面对和解决的重

① 罗来军 . 确立稳就业目标导向 [N]. 光明日报，2016-12-22 (2).

大问题。

中央经济工作会议强调："稳中求进工作总基调是治国理政的重要原则，也是做好经济工作的方法论，明年贯彻好这个总基调具有特别重要的意义。稳是主基调，稳是大局，在稳的前提下要在关键领域有所进取，在把握好度的前提下奋发有为。"

此次中央经济工作会议前所未有地强调了"稳"的重要性，这就要求我们探讨如何保持"稳"，以及如何把握好"稳"与"进"的最佳关系。探讨这个问题，关键是找到"稳"的底线在哪里，并确保这一底线，如此才能守住"稳"，并释放出资源空间和政策空间，去追求"进"。

根据当前的宏观经济形势和相关宏观经济理论，可以确定"稳"的底线就是稳就业。实现和保持就业的稳定，经济平稳，社会和谐，国家安全就有了坚实的保障和根基。

众所周知，就业稳定是一个国家经济和社会稳定的重要基础。如果实现了就业稳定，即使经济增长缓慢一些，社会也不会出现较大问题。相反，如果一个国家实现经济高速增长的同时，失业严重或者收入两极分化，就会面临着严峻的危险。中国之所以没有像很多国家那样，在经济增速回落时社会出现动荡，一个重要原因就是中国始终保证了就业的相对稳定。2017年是党的十九大召开之年，经济社会的稳定尤为重要。同时，找到更好反映经济社会稳定的考察指标，对长远的可持续发展亦有重要意义。

稳就业对当前发展阶段具有很强的导向意义。改革开放以来，中国经济持续高速增长，带来了经济财富的大量积累，也产生了一些问题，比如环境污染、产能过剩、产业结构不合理。在这种情况下，宏观调控目标再紧盯数量型扩张的增长目标，已经不如转为盯住就业目标更具有导向意义。而且稳就业的目标导向，可以减弱盯住增长所带来的增长压力，降低为了追求 GDP 增长而不得不进行各种增长刺激以及重复投资、低效率投资、高污染投资的压力。

稳就业的目标还能使宏观调控更易于操作和评价。就业目标体系包括两个核心目标，一个是城镇调查失业率，另一个是城镇新增就业。城镇调查失业率衡量了城镇的失业水平，一般而言，只要失业率没有出现明显的上升，城市经济社会就能够保持相对的稳定。但是对中国而言，同时处于快速城市化和劳动技能升级换代的过程中，这就要求在盯住失业率目标的同时，还应该重点关注城镇新增就业指标，否则城市劳动力市场将无法吸纳新进入的劳动力而出现失业压力。考虑到劳动人口拐点的到来，根据近两年的变化趋势，2017 年普通高校与中等职业教育毕业生总数预计下降到 1100 万人。因而就 2017 年而言，城镇新增就业需要保持 1100 万的目标，才能使得失业率不出现明显上升。

确立稳就业的目标导向，守住“稳”的底线并释放资源与政策空间，是我国在当前复杂形势下更好地推进经济和社会发展，必须面对和解决的重大问题。守住“稳”的底线之后，我们才可以运用更多的资源和政策去推进和实施改革，真正把握好稳中求进的总基调。

在此之后，我依然坚持“稳就业”的提法，因为我明白稳就业对我国当前经济发展阶段的宏观经济政策是至关重要的。2018 年中共中央政治局会议前一个月，即 2018 年 6 月底，在我提交给中共中央办公厅的内参中，再次阐明了稳就业的想法，提出要确立稳就业的宏观调控目标，为各项改革提供政策空间。相应的阐释内容为我国的各项改革进入了攻坚期，势必会给经济发展、社会建设带来正常的改革阵痛。一般情况下，只要保障就业稳定，经济社会就不会有大的动荡。在过去，我国宏观调控目标重视经济增长，现在应该转为就业稳定。一是因为我国在总量上已是世界第二大经济体，又积累了较多结构性问题，不宜再盯住经济增长目标；二是因为稳住了就业，经济社会就不会动荡，能够为各项改革和高质量发展提供政策空间，只要不产生大范围的失业问题，就可以大力度推进改革。一个月后，中共中央政治局会议采用了“稳就业”的提法，稳就业开始进入中央的宏观调控视野。

专家有话说

2018 年 7 月 31 日召开中共中央政治局会议，提出六稳，其中“稳就业”放在第一位。这是中央首次采用“稳就业”提法，这距离我首次在内参中提出稳就业的建议将近两年的时间，即 2016 年秋季我就提出把稳就业作为该年度即将召开的中央经济工作会议的主题之一。中央通盘考虑，未采纳该次建议。在此之后，我依然坚持“稳就业”提法，因为我明白稳就业对我国当前经济发展阶段的宏观经济管理有重要价值。2018 年 6 月底，在我提交给中共中央办公厅的内参中，再次阐明稳就业的想法。一个月后，中共中央政治局会议采用了“稳就业”的提法，稳就业开始进入中央的宏观调控视野。

作为政策研究者，如果提出了有价值、有生命力的建议，应该坚持这种建议，以便决策者以及同行充分了解所提出的内容及依据。即使最终不被采用，也能够为决策者以及同行提供参阅与借鉴。

两年后被中央采纳的政策建议

2017 年 10 月 18 日，党的十九大报告指出：我国经济已由高速增长阶段转向高质量发展阶段，正处在转变发展方式、优化经济结构、转换增长动力的攻关期，建设现代化经济体系是跨越关口的迫切要求和我国发展的战略目标。必须坚持质量第一、效益优先，以供给侧结构性改革为主线，推动经济发展质量变革、效率变革、动力变革，提高全要素生产率，着力加快建设实体经济、科技创新、现代金融、人力资源协同发展的产业体系，着力构建市场机制有效、微观主体有活力、宏观调控有度的经济体制，不断增强我国经济创新力和竞争力。

其中，宏观调控有度，对应宏观调控的过度调控。我曾在 2015 年年底撰写文章《我国宏观调控的过度调控表现及防治对策》，十九大报告起草组于 2017 年 1 月 13 日成立，在十九大报告开始起草之后，我坚持认为宏观调控过度调控的问题应该引起中央的重视，为此把修改后的相关内参提交给中共中央办公厅。

该内参深入分析了宏观调控的情况。发达国家把宏观调控称为稳定化政策，认为宏观调控是缓冲经济短期波动的公共政策，可使产出和价格尽可能地接近经济长期发展水平。而我国对宏观调控的使用，则具有把宏观调控作为促进经济增长工具的明显迹象。诚然，宏观调控对我国长时期的高速经济增长做出了显著贡献。与此同时，对宏观调控的非合理使用也带来了一些问题和后遗症。内参先探讨宏观调控的过度调控问题，而后提出进行矫正的逻辑、思路和对策。

内参归纳了宏观调控过度调控的主要表现，主要为以下五个方面。

1. 不该采用却采用了宏观调控

对于不该宏观调控的问题也采用宏观调控政策。一国的经济治理，并不是所有的问题都能采用宏观调控政策进行解决的。这里举一个例子，投资需求疲软的问题。刘伟（2016）指出：为什么我们现在投资需求疲软？不是银行缺乏放贷资金，也不是流通当中货币供应量不够，而是结构性问题；实体经济，特别是制造业，现在缺少有效的投资机会，尤其是国有大型和特大型企业；现在企业融资问题不大，企业的直接融资在境内外都有上市渠道；企业的间接融资，国有银行对国有大企业和特大型企业总体上是信任的，也是支持的，甚至是追捧的；问题出在这些国有大型和特大型企业创新力不够，自主研发能力不强，所以产业结构升不了级，它们如果在现在这种结构不变、技术不变、产品不变的基础上再扩大投资，就是低水平重复；而低水平重复的结果是加剧产能过剩；在中国目前普遍去产能的时代，加剧产能过剩的投资不可能维持；实体经济缺乏有效的投资机会，经济结构无法升级，这就导致投资需求疲软；投资需求疲软实际是源于创新力不够的产业结构升级空间狭小，是一个结构问题。

我国通常情况下是如何应对投资需求疲软问题的呢？我国把投资作为拉动经济增长的重要动力，一旦投资需求疲软和投资下滑，就采用积极的宏观政策进行刺激，比如扩大信贷供应、降低利率，或者增大政府投资。扩张性的宏观调控一般能够在短期内刺激投资需求，但可能带来长期问题。比如当前的产业结构升级动力不足、严重的产能过剩、潜在的通胀压力，就与刺激投资需求的扩张性宏观调控密切相关。而且，上述宏观调控的程度越重，所导致的结构性问题也越发严重。

2. 用宏观调控代替市场调节

本来通过市场调节能够很好解决的问题，却运用宏观调控去解决，一般情况下，既解决不了问题（可能还会导致问题加剧），又使政府付出巨大的政策成本。举个猪肉的例子：当猪肉出现短缺时，有些地方政府对养猪业进行补贴，以期望增加猪肉供应。这种调控貌似合理，但会导致更严重的问题，由于政府采取激励措施，农户会大幅度增加养猪的数量，使下一时期养猪过多，猪肉变得廉价，这又会使再下一时期养猪减少，出现新的短缺；更严重的是，一些公司和人员在猪肉短缺时囤积居奇，抬高物价，牟取暴利，同时又预料到在政府激励下，下一时期养猪会过多，这些公司和人员再进一步压价，让农户大幅度亏损（此时这些公司和人员因收购垄断和压价也能实现微薄盈利），以实现再下一时期养猪少的目的，此时再囤积居奇，再次抬高物价，牟取利益。政府的激励调控在很大程度上会加剧波动，猪肉短缺时补贴，导致下一期供应过多，过多时取消补贴，加剧下一时期的短缺，这样一来，政府的调控措施相当于帮助舞弊公司和人员来实现短缺和过多情况的交替出现。如果想合理地解决上述问题，政府不应采取增加猪肉供应的激励调控措施，而应打击囤积居奇行为，同时理顺猪肉供求信息，以平稳各个时期的猪肉供给和需求。

再举一个垄断产品"供给短缺"的例子，"供给短缺"会促使政府采取激励措施促进产品供应。这种做法能解决实际问题吗？对于该问题，较典型的是市场营销中的"饥饿营销"现象，即供给商有意调低产量，以期造成供不应求"假象"。比如有100个需求者，就只供应99个产品，大幅度提高价格，由于一定有消费者得不到商品，因此被迫接受高价。"饥饿营销"在非垄断的情况下可以作为营销方式使用，但是，在垄断情况下，就会成为牟取非正当利益、损害消费者利益的方式。为此，对于垄断情形下的"饥饿营销"行为，发达国家会进行查处。如果对垄断情形下的"饥饿营销"行为进行宏观调控，无论是调控供给侧还是需求侧，都无法解决问题，反而可能增加舞弊者的利益：如果政府通过补贴或减税等措施刺激供给侧，则进一步增加了供给商的收益，供给商采取"饥饿营销"的动机得以加强。如果政府采取措施压缩需求，首先压缩的是需求强度不高的边际需求，而剩下的是强度较高的需求，供给商则进一步减少供给，保持供给适度低于需求，由于剩下的是强度较高的需求，则供给商可以再次大幅度提高价格，实现在减少供给（成本）的情况下总收益上升。对于垄断情形下“饥饿营销”类型的经济问题，政府无论对供给侧还是需求侧进行调控，都解决不了问题，甚至可能会越调越乱。而真正的合理治理措施是打击舞弊行为，实现市场性的供给需求匹配关系。

3. 宏观调控频繁使用

一遇到经济下滑，往往会很快采取相应的宏观调控政策，或者经济中出现问题，就采取政策进行调控，这种情况导致了频繁调控的弊端。为什么会出现频繁调控的弊端呢？根本原因在于“头痛医头，脚痛医脚”，没有抓住“病根”。

治理经济类似于治病，重在“病根”，而非“病征”。一旦“病根”治愈了，诸多“病征”问题就消除了。在经济的诸多问题之中，需要确定“病根”并进行针对性救治。如果一个病人病毒感染发烧，时而感觉发冷，时而感觉发热。忽冷忽热是该病人的病征，而病根是病毒感染发烧。如果针对病根，采取措施清毒，病毒清除了，发烧好了，忽冷忽热的现象也就消失了。如果采取治理症状的疗法就会发热时治疗发热，发冷时治疗发冷，导致治疗方法不断地更换，反复治疗。但由于治疗没有针对根源，不仅难以有效地治愈疾病，还可能使病情进一步恶化。有些时期的宏观调控类似于治疗症状的方式，不仅解决不了根本问题，甚至会恶化或者积累问题，致使新一轮的调控。

4. 为促增长做了一些取舍

为了保障较快的增长，放弃了一些东西。主要表现为以下几个方面：① 降低了对资源节约、环境保护的重视程度。为了扩大投资需求和增大生产规模，有些地方开展高污染、高耗能、环评不合格的项目，为经济增长付出了资源、环境代价。这种做法带来了长期积弊，资源、环境已经成为中国经济持续增长的主要“瓶颈”。② 部分群体的经济福利被削弱。宽松的货币政策使货币的实际购买力出现了较大幅度下降，一些缺乏货币保值渠道的收入，其购买力和经济福利受到了削弱；非均衡的投资、投机机会使不同群体之间的收入分配发生了较大规模的转移，恶化了收入相对减少的群体的经济福利。③ 产品标准和行业标准偏低，致使产品质量不高。与国际标准相比，一些产品标准和行业标准比较低，这使技术水平低的企业能够得以生产，但是相对劣质的产品降低了经济质量和社会效益。④ GDP“挂帅”，资源配置效率让位于产量产值。我国的地方政府主导地方经济建设，单一地追求产值和增长，再加上缺乏市场竞争机制和淘汰机制，盲目上马各种投资项目，导致了严重的要素价格扭曲、资源配置效率损失问题。

5. 调控重短期轻长期

我国宏观调控有一个明显的不足之处，即重视短期效果，对长期的影响没有给予足够的重视。上面所讲的投资需求疲软问题，也是一个重短期、轻长期的例子，过去的一些不合理的投资刺激，解决了短期的投资需求疲软问题，但导致长期的投资需求疲软问题更为严重，且解决的难度更大。再比如有关部门早在 2006 年就提出能源价格的改革意见，但考虑到改革会提高企业的能源成本，进而影响产出和经济增长，这一改革就被搁置下来了。

应该从深层次理解和把握调控的短期和长期的关系。比如，我国重投资、轻消费的做法也是重短期、轻长期的行为。怎么理解？增加投资对经济增长的效果很快就能显现出来，而增加消费对经济增长的效果则时滞比较长，而且消费对经济增长的强度与投资相比可能会减弱，为此我国的宏观调控偏重于刺激投资，导致投资与消费失衡。但从长期来看，一个国家的消费水平较高、对经济增长的贡献较多，经济机制就会更有活力，持续发展动力就会更强大。我国为了加强投资，在分配环节上存在着向资本收益、企业和政府倾斜，挤压居民收入的倾向，致使居民消费严重不足。长期以来，我国的居民消费比例不但没有上升，反而显著下降。居民消费支出 GDP 占比“六五”“七五”时期在 50% 以上，但到了“八五”“九五”时期就下降到 45% 左右。居民消费支出 GDP 占比 2001 年还达到 45.2%，但 2008 年已降为 35.3%。一般国家的居民消费支出 GDP 占比为 60%~70%，我国仅为这些国家的一半。这几年我国一直强调扩大内需，但问题在于我国扩大的是投资需求，而消费需求却不断地下降。

该内参与一般内参不同的是，专门撰写了一个结语，一个值得重视和思考的结语：经济如动物，一国经济是否健康发展可以类比为一个人的身体是否健康发展。合理的宏观调控如同短期治疗，是调理短期的身体不适；而真实持久的身体健康则取决于合理的休息、饮食、运动、情志等长期因素。由于短期措施见效较快，长期措施见效缓慢，宏观调控可能被过度重视了，而科技发展、市场维护、法治、教育、素质、诚信等长期因素被重视的程度可能不够。我国当前推进供给侧结构性改革，是重视和发挥经济长期治理政策的重要时机，我国应把握好这一改革的历史机遇，提升和完善整体的经济治理水平。

我在培训和讲课时，往往会问学员同样的问题：你们知道宏观调控研究专家和学者有谁吗？（大家往往能够说出多位专家和学者的名字），你们知道指出宏观调控过度的专家和学者有谁吗？（大家往往一个也说不出来）。之后，我通常会根据所讲的主题，把我对宏观调控过度的认识以及解决思路与学员们进行分享。

专家有话说

党的十九大报告中“宏观调控有度”的表述，是对应于宏观调控过度的。我曾在2015年年底撰写文章《我国宏观调控的过度调控表现及防治对策》，十九大报告起草组于2017年1月13日成立，在十九大报告开始起草之后，我坚持认为宏观调控过度调控的问题应该引起中央的重视，为此把修改后的相关内参提交给中共中央办公厅。我在培训和讲课时，往往会问学员同样的问题：你们知道宏观调控研究专家和学者有谁吗？（大家往往能够说出多位专家和学者的名字），你们知道指出宏观调控过度的专家和学者有谁吗？（大家往往一个也说不出来），这表明人们对宏观调控过度问题并没有足够的认知。

上述情况表明，内参和政策建议的提交时机很重要。应在全国代表大会报告起草组成立后适时提交宏观调控过度的建议，便于被采用。

罗氏研判六法

在一次讲解如何撰写内参的会上，我对如何发现和把握内参的选题以及如何分析问题并提出政策建议，总结了六条研判的方法。研判与预判不同。但是，成功的研判往往包括了预判，六条研判的方法中也涉及如何做预判的一些感悟。大家觉得这六条研判的方法比较有启发，并称之为“罗氏研判六法”。

这六条研判的方法如下：

①所获资料信息是否客观？如果不客观，与客观真实的偏差有多大？基于偏差程度进行分析，以此规避不实的资料信息对分析造成的影响。

②他人的观点与判断是否理性、科学？其出发点、目的、依据、逻辑、本质是什么？如果是非理性、非科学的观点与判断，可能带来的负面影响是什么？

③对于关乎国运的重大战略事项，对可能存在的问题、危害要高度重视，要比只有好处没有危害的事项更加重视；甚至细分出多种概率情景进行预判；而对于乐观情景，也要有预判，但要谨防盲目乐观，更要避免把未来的危害预判为乐观。

④对于关系改革发展的重大事项，如果多年或较长期地存在着争议，或者多年出台多种政策措施却并没有实现良好发展，则需要深入地研判，比如通过现象看本质、对标既有先进实践、进行理论分析、揭示偏离客观规律的程度、发掘所存问题与困惑的根源等。

⑤注重从客观规律、既有实践历程、重大决策者行为特征，预判

事件的最可能走势以及最优走势。基于两种走势之间的偏差，提出推进治理现代化和科学化的政策分析与建议。

⑥从大家热议的问题中“反向”发现有价值的战略要点。一般情况下，大家热议的问题是重要的问题，但往往又不能精准地把握要害。如果大家热议某一问题的好处或乐观面，则冷静思考这一问题是否存在风险与危害，如果发现存在风险与危害，则能够提出重要的风险判断与防范建议。如果大家热议某一政策或事项的危害，则需冷静思考这一政策或事项的机遇等积极面，如果危害确实存在且严重，则进一步思考化解对策以及是否存在可替代方案。

通过上述六个方面，便于研判出与大众或者多数专家不同的思路与见解。这一思维模式不仅仅适用于政策研究，也有助于做好其他工作。

第三章

新业务新团队新机制

长江院的“横空出世”

我被任命为中国人民大学长江经济带研究院（以下简称长江院）院长之后，到一些省市参加论坛、研讨，或者进行调研、讲课、培训、规划指导时，总有不少领导疑惑地询问我：为什么设立长江院呢？人大又不在长江经济带上；长江院是人大的科研机构，为什么办公地点在长江上呢？对于这样的问题，其实我也不知道全部的答案，但可以肯定的是，筹划设立并发展壮大长江院，是人大校领导高瞻远瞩的重大战略创新与设计。

概括来讲，建设长江院是人大推进国家高端智库体系性建设的重大战略创新与突破，其要把长江院建设为研究国家战略在地方贯彻执行的高端智库，并创办成全国校地合作的智库建设典范与样板。

具体来讲，人大作为首批国家高端智库试点，以开拓创新的思路、踏实苦干的作风、锐意进取的精神推进高端智库的体系性建设，并形成了人大智库的显著特征和突出优势。人大校领导对高端智库建设做出了高瞻远瞩的顶层设计，推进“三驾马车”并驾齐驱的高规格建设格局：在人大国家高端智库的平台上，人大国家发展与战略研究院（以下简称人大国发院）、人大重阳金融研究院（以下简称人大重阳院）、长江院分工协作、齐头并进。人大国发院偏重于服务中央决策，并与国家部委加强对接；人大重阳院偏重于专业化服务功能，主要是解决国际问题和金融问题；长江院偏重于国家战略在地方的贯彻执行，通过国家战略的落地，推进实际建设。对于长江院创建，学校领导提出了高要求：要创办成全国校地合作的典范与样板。长江院在创始之际，便创造了被人们称道的“智库奇迹”，即仅仅凭借上报中央的前 3 期内参就获得了 7 次省部级及以上领导批示，并收到上海、湖北、广西、云南四省市区的合作邀请、考察调研邀请、做规划专家的邀请。人大对国家高端智库的体系性建设和开拓性设计，将成为我国智库高水平建设的有益探索，也是为我国改革开放提供多方位、多层次、多功能智力支持的智库建设重大案例。

长江院是人大的下属科研机构，由宜宾人民政府与人大共建，挂靠和依托人大国发院的优势智力资源以及发挥和整合全校资源、校外资源，以平台促进实体落地，以研究带动平台运转，实现“北京—宜宾”两地资源双向互动，打通“北京—成都—宜宾”三地高端人才链，构建政、学、研、产相结合的新型高端智库，为长江经济带建设与区域经济发展提供决策咨询和智力支撑。

建设长江院，既是国家高端智库理事会对人大作为国家高端智库试点单位建设提出的必然要求，也是人大发挥高端智库服务社会、推动区域进步能力的生动体现，关键目标是实现地方政府与高端智库之间的双赢发展与共同进步，进一步加强市校战略合作，促进宜宾人才培养、教育水平、科技创新能力的提高，服务宜宾经济和社会发展，促进人大优质教育资源、人大国发院国家高端智库资源与宜宾地方经济建设相结合，推动党委和政府“信得过、用得上”的国家高端智库在宜宾落地生根。通过功能定位、治理体系、业务板块以及资源投入等方面的合理设计，把长江院发展成既能“顶天”，又能“立地”的新型特色地方高端智库。

专家有话说

建设长江院是人大推进国家高端智库体系性建设的重大战略创新与突破，其要把长江院建设为研究国家战略在地方贯彻执行的高端智库。学校领导对于长江院创建提出了高要求：要创办成全国校地合作的典范与样板。长江院在创始之际，便创造了被人们称道的“智库奇迹”，即仅仅凭借上报中央的前 3 期内参就获得了 7 次省部级及以上领导批示，并收到上海、湖北、广西、云南四省市区的合作邀请、考察调研邀请、做规划专家的邀请。人大对国家高端智库的体系性建设和开拓性设计，将成为我国智库高水平建设的有益探索，也是为我国改革开放提供多方位、多层次、多功能智力支持的智库建设重大案例。

第一次理事会之后

长江院在组织架构上组建了规格高、阵容强的理事会，理事会成员由人大分管副校长、宜宾分管市领导、人大国发院，人大党委组织部、财务处、科研处、招生就业处、文化科技园等相关部门负责人和宜宾市委组织部、市委宣传部、市委政策研究室、市发改委、市财政局、市科技局、市“双城”办、市科教集团公司等相关部门负责人担任。

在长江院开创之际，合作双方的理事会成员进行了一次重要的磋商会议。对于这次合作谈判，我要对宜宾市领导和工作人员点赞，因为他们在合作谈判上展现了高水平的“高光”表现。高光是一种美术用语，指光源照射到物体然后反射到人的眼睛里时，物体上最亮的那个点，高光不是光，而是物体上最亮的部分。宜宾市领导和工作人员的“‘高光’表现”表现在对合作方提出了有高度、有逻辑、有依据、合情理的高要求。要求“高”的程度到了让合作人员感觉到有巨大压力，使达到合作预期成了严峻挑战，而且是必须完成的任务。作为地方政府的领导和工作人员，有如此高水平的合作谈判能力和表现，我内心为他们点赞。同时，也为能够遇到这样优秀的合作方感到高兴。

在第一次理事会之后，有三个同事问了我同样的问题：对方要求那么高，你有压力吗？第一个同事这么问，我没有正面回答，只是说：宜宾给予了大力支持，应该提出高要求。第二个同事问时，我做了正面回答，讲了讲心里话：我没有觉得有压力，虽然不能说对如何开展工作胸有成竹，但从整体到各个事项，如何设计和推进，是清清楚楚的；如果说有什么困难或挑战的话，也清楚如何去应对。这个同事听我说完之后，停顿了一会儿，给了我担当不起的赞誉：“学校委派您是对的。”我为能够遇到这样优秀的合作方而感到高兴，甚至有所期待。第三个同事问同样的问题时，我没有正面回答，而是把对第一个同事的回答重复了一遍。

为何我没有压力反而感到高兴并有所期待？在这里，我想谈谈当时的想法和心情。最根本的原因是，学校使我在智库建设方面得到了很多锻炼，无论是智库建设技能还是建设所需资源，都有了较长时期的积累与沉淀。具体而言，有以下几个方面。

1. 内参与批示

对于智库而言，撰写高水平内参，并获得领导批示，恐怕是重中之重的事情，同时也是难度很大的挑战。我在人大智库工作的经历，尤其是负责中办/国办直报工作，积累了联系中央有关部门、国家部委的丰富资源和渠道；同时，对如何撰写优秀内参，也有了大量积累与思考。

2. 媒体与宣传

作为智库，其广泛而强大的社会影响力是成功的重要标志之一。我在人大智库工作期间，积累了丰富的媒体资源，既包括中央媒体，也包括地方媒体。中央媒体如中央电视台、中国国际广播电台、《人民日报》《光明日报》《经济日报》、人民网、光明网、新华网、中国网等；地方媒体如《湖北日报》《辽宁日报》等。丰富的媒体资源使我有信心在较短时间内使智库本身的建设和智库业务的建设得到广泛的传播。

3. 课题与政策

优秀的智库，要能够完成有理论根基且可行性高的政策研究课题、建设规划课题，为党和政府提出参阅价值高的对策思路和政策举措。过去智库工作的磨炼，使我对中央分派的课题、国家部委委托的课题、地方政府委托的课题等多种类型的政策性课题具有较为深刻的推进思路与把握技能。此外，与《求是》《红旗文稿》《改革》等对策性要求高的期刊建立了良好的合作与互动关系。

4. 活动与影响

对于优秀的智库，进行合作与交流的论坛、对话、研讨会、发布会等活动也是必需的重大事项。在过去的智库工作经历中，一方面，我学习并积累了多样的活动组织方法、功能展现方式、内容设计技能等；另一方面，交往并积累了校内外大量的高水平的专家学者、政策研究力量，这些积累使我有信心策划、组织、举办高水平的、多种类型的活动，扩大智库的影响力、号召力、合作力。

5. 业务与管理

一个成功的智库，需要探索出契合自身条件、优势、资源的业务模式与管理机制。在过去的智库工作经历中，首先，我学习、领悟、参与了优秀的国家高端智库试点单位——人大国发院的建设和发展；其次，与全国其他的高端智库也有过较深入地接触与合作；最后，对国内外的智库建设、改革与创新也做过研究与探析，这使我对长江院的发展模式有足够的信心。

“扎根发枝生叶”的业务体系树

长江院对智库业务的设计与开展，是下了功夫的，力图形成科学、高效的业务组合与功能布局。长江院根据前期工作的推进与设计，初步形成了一定的业务体系，具体参见“长江院业务体系树状图”。当然，长江院有很多重要的工作，因建设进度、发展需要、工作条件等因素，还没有开展，但随着长江院的成长，将逐步增加有意义和有价值的智库业务，相信长江院的业务体系树将会更加健壮、高耸、茂盛。

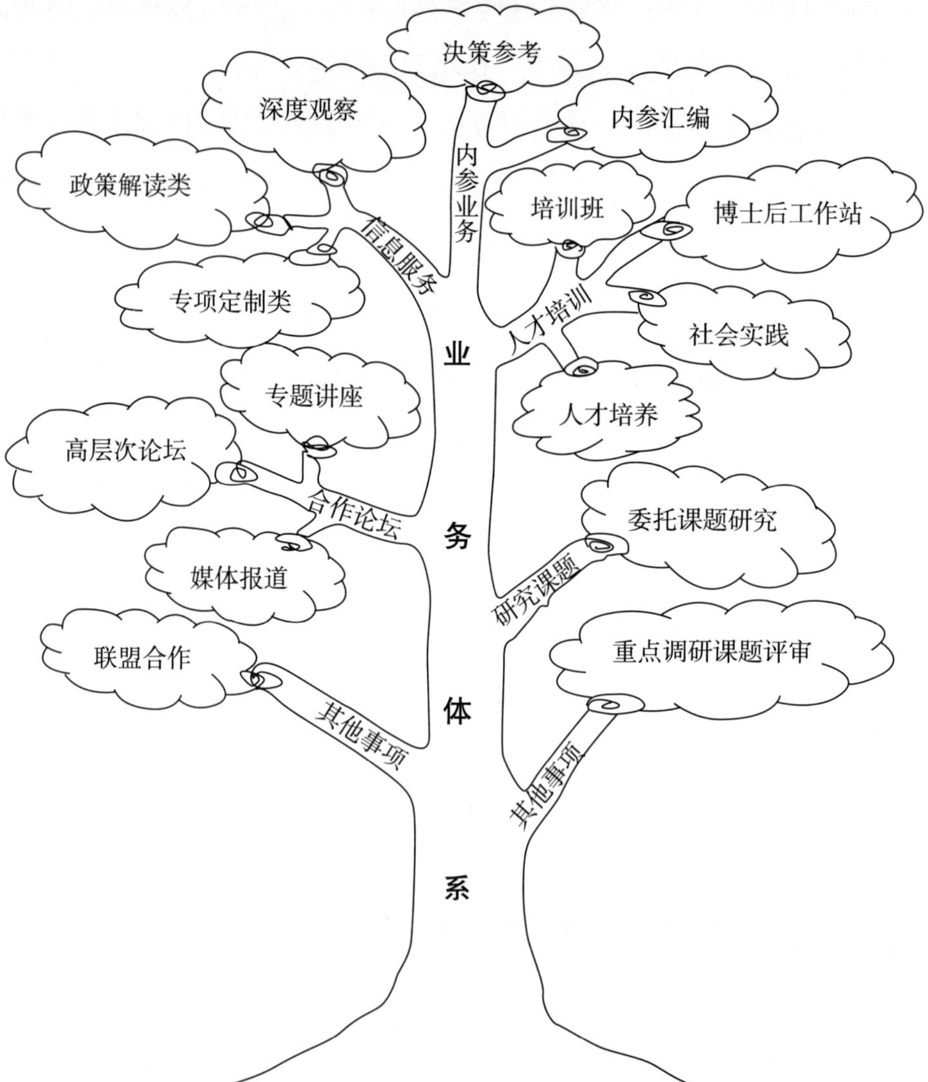

图 3-1　长江院业务体系树状图

截至 2018 年 6 月，长江院各主要业务的概况如下。

研究课题主要围绕“宜宾市 2018 年研究课题”开展，18 个研究课题组均已完成一次实地调研工作，部分课题已开展了第二次实地调研，调研人数达 103 人次。

合作论坛分为高层次论坛和专题讲座两大板块。长江院在成立之初，承办了“长江经济带大论坛”，并于 2018 年与中共宜宾市委联合举办《西南地区生态文明与乡村振兴——第 58 期宜宾大讲坛》和《区域经济发展与中心城市建设——第 60 期宜宾大讲坛》专题讲座，后续将相继举办“宜宾市贯彻落实习近平新时代中国特色社会主义思想‘四川篇’高峰论坛”“第七届中国贫困地区可持续发展战略”等大型论坛。

信息服务包括深度观察类、政策解读类和专项定制类信息产品的报送。至今已报送深度观察类信息 13 期、政策解读类信息 22 期、定制类信息产品 8 期，合计约 5160 份。

关于咨政内参的出版与报送，出版报送了《决策参考》内参 7 期，当时已确定的获得省部级及以上领导批示 7 次（其中副总理 1 次），政治局常委批示 1 次；首期《内参汇编》正在策划、评审与组织。

在人才培养与引进方面，长江院积极推进博士后工作站建设和实习生培养工作，暑期社会实践和调研基地在宜宾落地生根，对接北京大学，争取宜宾人员参加林毅夫教授“区域经济”主题研讨班的培训名额。

此外，长江院积极申请加入长江经济带智库合作联盟，并于 2018 年 4 月 12 日正式成为其中一员；受宜宾市委政研室委托，长江院承接了“宜宾市委确定的 28 个重点调研课题中的 18 个重点调研课题”的评审工作，为宜宾的调研课题建言献策。

“首战告捷”的“战利品”

长江院前期工作建设取得了不错的成效，宜宾市委书记多次在市常委会上表扬长江院，其他市领导也多次与我提及长江院工作开展得很有成效。以下，对于长江院前期工作的开展和成效（截至2018年6月），我想举三个方面的例子。

1. 创造性地做好宜宾市课题研究工作

2018年，长江院首次承担宜宾改革发展的18个研究课题。人大的研究力量是绝对没有问题的，关键在于如何与宜宾对接，充分接地气，研究出符合实际、具备可操作性的成果与建议。刘元春副校长高度重视课题研究工作，多次出谋划策，提出对每个课题设立顾问、由宜宾对应部门人员担任课题顾问进行直接沟通以及加强实地调研等好办法。人大国发院执行院长严金明教授、常务副院长聂辉华教授提出设立课题奖励机制，激励大家进行高质量研究。我提出确立课题的对接部门，增强理论与实践的互动。人大那么多领导和老师牵挂着研究课题，提出了宝贵的、具有创新性的好建议，确保和推进课题的高质量完成。

长江院负责课题的工作人员，与人大国发院的课题负责人员一起，把领导和老师的好建议落实到课题的实际管理之中，制订出课题征集、招投标、立项、任务要求、中期考核、结项、奖惩等一系列环节的课题管理制度。

长江院工作人员对研究课题的基本流程和关键节点进行沙盘推演，以提前检验执行成效和预测可能出现的问题。沙盘推演是军事上决策与行动预判的重要方式，对复杂多变的各种可能情况进行模拟演练，确定多种应对方案。长江院把沙盘推演作为一种工作预判和预检方式，应用到重要的工作任务和事项中。这一创新工作方法已经产生了卓越成效，减少了工作失误与错误，确保重要事项的高质量完成。

2. 利用多种渠道推进高质量内参的撰写、批示与应用

内参是智库机构的核心功能。长江院对于高质量内参的撰写、批示与应用费尽心思，在内参的版式设计、选题、征集、撰写人员等多个方面进行精心策划，并在全国现有成功做法的基础之上寻求突破，充分利用各种渠道、多种方式推进内参工作。

为了加强向中央和重要部委的内参上报，截至 2018 年 6 月，我与中共中央政策研究室、国务院研究室、中财办 3 个重要政策部门进行沟通，建立了专人接报渠道，即这 3 个部门均明确一位副司长、副局长接受长江院上报的内参。在不到半年的时间里，内参版式做了两次设计，最新版式更方便领导阅示，也更美观；还对内参撰写与上报进行创新，围绕重大主题策划一组内参，形成更深刻、更系统的内参撰写，同时也形成更具有感染力的内参上报。

对内参的苦心投入得到了回报。截至 2018 年年中，长江院向中央及长江经济带各省（区、市）部门和领导报送 3 期《决策参考》内参，仅仅依靠这 3 期内参，当时能确定的获得省部级及以上领导批示 7 次，其中副总理批示 1 次，还收到上海、湖北、广西、云南四省市区的合作邀请、考察调研邀请、做规划专家的邀请。这一现象，被智库界一

些人员赞誉为创造了“智库奇迹”。

3. 广泛联络媒体，大力提升社会影响力

社会影响力是智库的生命保障。为了迅速扩大社会影响力，我组建了“长江智库媒体一家人”微信群，邀请了中央电视台、《求是》《人民日报》《人民日报（海外版）》《光明日报》《经济日报》、中国国际广播电台、人民网、光明网、新华网、求是网、中国网以及地方媒体的主编、副主编、编导、编辑、记者等70多人加入微信群，并用心经营该媒体群，形成了规模大、层级高、范围广的媒体资源。此外，为了发动更多的人员撰写媒体文章和内参，长江院集合了来自中国人民大学、北京大学、四川大学、西南财经大学、西华大学、宜宾学院、四川省社会科学院、中国科学院、复旦大学、南京大学、重庆大学等机构的教授、副教授80多名。

另外，截至2018年年中，在《人民日报》《光明日报》《经济日报》、人民网、光明网等媒体发文和接受采访文章30多篇；接受中央电视台财经频道、中文国际频道7集节目采访报道；中国国际广播电台2次节目专访，还多次把其他人员的文章推荐给《人民日报》《光明日报》《经济日报》、人民网、光明网等媒体。我在内参获得的批示占到总批示的半数以上，并获得中央领导的批示。

新团队的“苦”与“乐”

在管理理论上，作为管理者，对自己员工的工作能力和态度无论是高估还是低估，都不是好现象。对于此问题，我非常乐意与大家分享我的经验。从北京的人大国发院来到工作地点设在西部地级市的人大长江院，我对两个地方的工作人员的业务能力和行为习惯的差异判断，在刚开始的时候是不足的。在后来的工作过程中，我提高了警觉性，花精力去关注和评估两地工作人员的业务能力和行为习惯差异。随着工作的进行，我对两地工作人员的差异感知越来越准确，也可以说对当地工作人员的能力与习惯判断得越来越客观，这样对团队的管理就会越容易，规避的问题也就越多，成效也会越大。

上述情况说明，一个地方的工作经验和管理理念不能一成不变地运用到另外一个地方，卓越的管理者一定要善于抉择，因地制宜地设计管理模式、营造管理机制。就长江院而言，最初招聘了 5 名工作人员，在与他们一起工作的早期阶段，我对他们的业务能力与行为习惯的预估存在较大偏差。这种预估偏差使一些工作的开展难以取得预期效果。

比如人大教授考察调研团到宜宾开展调研时，长江院工作人员需要制订考察调研接待服务手册。我把手册制订的范本交给了负责此业务的工作人员，过段时间，发现其还没有制订出来，我就当面进行讲解，并把关键的处理信息通过微信发给工作人员，以免其处理不好关键部分的内容。但是，等到调研在即，工作人员还是没有把接待服务手册制订出来。对此，我只能自己制订。人大教授考察调研团到宜宾之后，带队领导还特地表扬了接待服务手册非常好，清晰有条理，服务很好。听到这样的赞誉，我当时并没有十分高兴，而是思绪复杂。如果是工作人员自己制订出好的接待服务手册，并受到领导表扬，我一定会很高兴，因为卓越的管理应是团队人员分工协作，各司其职，每个岗位都做得很好，这样，团队整体效果才会更好。当时我想一定要带出优秀员工，让他们自己能做出值得表扬的工作成果。也只有这样，我所管理的单位才能有持续卓越的业绩。

除了上述所谓的“苦”外，也有新团队带来的“乐”。这种“乐”有两种，第一种是作为老师的传教之乐。我高度认可教师这个职业，我认为，教师职业的真正伟大之处是把好的东西教给学生，让学生变得更好。面对新团队、新员工，刚开始时对其业务能力和行为方式存在一定程度的预估偏差，长江院组建的初始时期，我就想办法解决这一问题。比如采用特定办法培养工作人员的业务能力、激发其工作热情。毫无疑问，人是做好一切事务的根本。我和长江院一开始就高度重视工作人员的业务能力培养，一是我会在业务会上非常详细地、一个环节一个环节地讲解某一业务的处理流程、关键节点、注意事项等，进行手把手教学，同时提出高要求，对工作人员出现的失误或错误，耐心地分析，并引导其纠正；二是定期组织工作人员进行业务素质学习和讨论，第一个半年就学习和讨论了《麦肯锡工作法》《一次做对》《管理从心开始一次做对操作法》《责任胜于能力（白金版）》《工作要有好心态》《秘书工作》等相关内容。长江院工作人员虽然是新单位的新员工，但是经过以上有效措施的实施，很多人业务能力短期内得到了非常大的提升，能够高质量办理的业务和事项不断增多。

第二种“乐”是带出了优秀员工。内参编辑部的小胡，应聘到长江院的时候，没有接触过智库和内参，也没有接触过其他智库业务和运作机制。经过半年多的学习和锻炼，小胡的工作能力和行为表现，越来越接近于《麦肯锡工作法》等经典管理教材中所倡导的优秀员工素质标准。我注意观察每个员工的行为和思想，比如小胡，他成为优秀员工是与其自身的努力分不开的。小胡上班通常来得早，做工作认真负责，对自己的工作从来没有怨言，乐于帮助其他人做工作，既不抱怨也不计较得失。

再讲一个例子，即后来组织部门委派到长江院的小梁。小梁是公务员，因工作需要而被派到长江院挂职，做办公室主任。小梁一过来，就开始快速熟悉长江院的业务环境和工作性质，积极投入工作。小梁做工作不拖拉，积极推进相关业务，并很有成效；工作态度很好，认真负责，对所做事情的细节也有较好的把握；善于开拓与交流，其想到的工作方式非常有利于单位工作的开展与提升；工作纪律性和积极性都很好，常常提早来上班，对于急需完成的工作，往往主动加班。作为办公室主任，小梁担负着长江院的组织与协调任务，对于如何独当一面，小梁和我也经常交流。

培养出优秀员工，使我感到欣慰，甚至感到自豪。在一个单位组建的初始阶段，能识别并带出优秀员工，其意义是非同一般的，这预示着单位建设和团队管理的辉煌未来，至少可以对辉煌未来充满期待，因为优秀员工是单位创造辉煌的根本。一个优秀员工、两个优秀员工、三个优秀员工……优秀员工不断增多，这样的单位一定能够创造辉煌。

精准部署与精准执行的重要性

与发达国家相比，有人说我国最缺乏的是先进技术；也有人提出异议，我国最缺乏的不是先进技术，而是先进管理。我支持后者的意见，这是因为，如果有了先进管理，技术就会赶上甚至超越，如果没有先进管理，即使拥有了先进技术也会最终滑向落后。上述观点反映出了管理的重要性。

先进管理的实现并非易事，其中精准部署与执行是重要环节之一。我在这里讲述一个具体的例子。习近平总书记 2018 年 4 月 24—26 日到湖北、湖南视察长江沿岸生态环境并于 26 日在武汉主持召开深入推动长江经济带发展座谈会。作为智库机构，在这次座谈会的一周年之际，我计划策划一组重要活动，其中包括一场大型综合论坛，举办时间拟定于 2019 年 4 月 7 日。该材料到了工作人员手中后我发现时间修改为 2019 年 4 月 26 日，这个时间正是座谈会召开整整一周年。对于工作人员的这个修改，是该表扬还是该批评呢？很显然，该工作人员很认真负责，仔细核对了座谈会的召开时间和一周年时间。但答案是批评他。我的策划是，到一周年之际，至少组织两项重要活动，一是针对过去一年的情况撰写一组内参，二是组织一场大型综合论坛，该论坛要提前举办，而后形成论坛的专题内参，并和一组内参一起赶在 2019 年 4 月 26 日报送给中央领导、国家部委领导和相关部门、长江经济带 11 省市领导和相关部门。为此，我特意查看了 2019 年的日历，并评估专题内参的撰写、印刷、报送等环节所占用的时间，以便能赶上 4 月 26 日。对于智库机构非常重要的策划，工作人员没有经过任何咨询，就修改了时间，难道不该受批评吗？工作人员缺乏智库运作经验，误认为上级主管或领导是在时间上失误了。先进的管理技能是有助于规避和消除这种错误的。

以上事例涉及精准部署与执行的管理技能。首先，工作人员个人认为重大事项中有错误或失误，不能想当然行事，而应该向有关负责人或者领导进行咨询，是否有特殊的考虑或原因。因为是重大事项，就务必要小心，否则，可能带来严重的后果。其次，事项负责人或者领导在做部署时，对于重大事项中容易引起误解的方面，应尽量给予解释，避免后续环节出差错。

管理是一门科学，也是一门艺术，在科学与艺术之间把握住最佳的平衡，才能够达成最优的管理。

没有处罚的管理称不上卓越管理

什么是卓越管理？卓越管理一定体现了正负向激励，即既有奖励机制也有处罚机制。当奖励机制和处罚机制都非常科学时，就实现了卓越管理。进一步讲，当奖励机制和处罚机制的设计和运转都达到了最优状态时，就实现了最优管理。在现实中，绝大多数管理机制缺乏处罚机制，而一些比较有效率的管理机制也只有奖励机制。出现这种现象，可能是有实际原因的，即处罚机制实施起来比较困难，也容易引发较多的矛盾。作为管理者，追求最优管理或者卓越管理，最不容易做到的方面、最难以推进的事项，就是确立负向激励，即进行处罚。但是，负向激励机制对管理效率又是至关重要的，没有处罚机制，是难以实现卓越管理的，更不可能实现或迫近最优管理。仅从管理效率来讲，处罚机制是最优管理最为重要的因素，甚至没有之一。

负向激励机制虽然非常重要，但是操作起来较为困难，且容易引发矛盾。因此，一些管理者干脆避开了处罚机制，推行次优的管理模式。那么，在理论上，有没有良好的方法实施负向激励机制呢？有，那就是设定科学的处罚制度，即科学的负向激励制度，并对所有的人员公平地执行该处罚制度。这是规避矛盾的最好方法。长江院在管理上也提出了高要求，期望设计与营造出卓越的管理机制。为了实现这一目标，长江院下了很大功夫设计、论证、检验与试行包括正负向激励在内的管理机制。在此举一个例子，长江院制定了工作人员重大事项管理办法。现把该办法的部分内容列示如下，期望读者能够从中感知一二。

第一条　为了加强长江院工作人员绩效管理，对作出的重大贡献、出现的严重失误或错误进行评价、考核与处理，以落实单位的正向激励和负向处罚。

第二条　对工作人员作出的重大贡献，按照以下标准区分为三大类。

A类贡献：为长江院或者宜宾市等相关单位带来很高程度的正面效果，比如工作成效得到宜宾市副市长及以上领导、其他单位同级领导的赞誉；为长江院或者宜宾市等相关单位赢得重大声誉或荣誉；为长江院或者宜宾市等相关单位挽回重大损失；工作成果取得广泛而重大的社会正面影响等。

B类贡献：为长江院或者宜宾市等相关单位带来较高程度的正面效果，比如工作成效得到宜宾市等相关单位中层领导或部门的赞誉；为长江院或者宜宾市等相关单位赢得较好声誉或荣誉；为长江院或者宜宾市等相关单位挽回严重损失；工作成果取得较为广泛而重要的社会正面影响等。

C 类贡献：正常工作取得难能可贵的成绩，为长江院或宜宾市等相关单位带来显著的成效；对长江院的工作改进或者问题规避提出难能可贵的建议，并取得显著的成效等。

第三条　对工作人员出现的严重失误或错误，按照以下标准区分为三大类。

A 类错失：对长江院或者宜宾市等相关单位带来很高程度的负面影响，比如工作失误或错误被相关单位副市长及同等级别和以上领导指出或批评，造成恶劣影响；对长江院或者宜宾市等相关单位的声誉或荣誉造成恶劣影响；对长江院或者宜宾市等相关单位造成重大损失；造成广泛而重大的社会负面影响等。

B 类错失：对长江院或者宜宾市等相关单位带来较高程度的负面影响，比如工作失误或错误被宜宾市等相关单位中层领导或者部门指出或批评，造成比较恶劣的影响；对长江院或者宜宾市等相关单位的声誉或荣誉造成比较恶劣的影响；对长江院或者宜宾市等相关单位造成较大损失；造成比较广泛而重大的社会负面影响等。

C 类错失：工作没有按照要求完成，且属于个人原因，经谈话或者业务指导后，仍未改正；工作质量达不到预期效果，经指导后仍不能达到基本要求；对应承担的工作采取消极态度，经提醒后仍未改正；违反工作纪律，经提醒后仍比较严重；对长江院工作造成较大负面影响或者造成比较大的损失等。

第四条　对于A类错失出现1次，进行辞退。对于B类错失，每年达到2次，进行辞退。对于C类错失，每年达到4次，进行辞退。B类错失和C类错失进行换算，1次B类错失等同于2次C类错失，加总后达到4次C类错失，进行辞退。

第五条　三类贡献可以对冲三类错失。比如1次A类贡献冲减1次A类错失。

第六条　贡献与错失除了用于工作人员是否辞退之外，还作为一年绩效考核的重要依据。

…………

专家有话说

一切的一切都在于人。作为一个组织，管理好人了，业绩也就优异了。对于长江院，我一开始就重视人的管理和业务团队建设，并有以下几点体会：①作为管理者，对自己员工的工作能力和态度无论是高估还是低估，都不是好现象；②一个地方的工作经验和管理理念不能一成不变地运用到另外一个地方，卓越的管理者一定要相机抉择，因地制宜地设计管理模式、营造管理机制；③对于新员工，非常详细地、一个环节一个环节地讲解关键业务的处理流程、关键节点、注意事项是非常必要的，而且组织他们学习《麦肯锡工作法》《一次做对》《管理从心开始一次做对操作法》《责任胜于能力》《工作要有好心态》等经典管理理论与实践，也是非常必要的；④要追求卓越管理。卓越管理一定体现正负向激励，当奖励机制和处罚机制的设计和运转都实现了最优状态时，卓越管理和最优管理就实现了。处罚机制对管理效率是至关重要的，但是操作起来难度很大。

经过高要求的管理机制试探、调整与营造，长江院已经出现好的发展趋势，比如，出现了优秀员工，这使我感到欣慰，甚至感到自豪。在一个单位组建的初始阶段，能识别并带出优秀员工，其意义是非同一般的，这预示着团队管理与建设走在正确的道路上，而且走在通往卓越业绩的方向。

八项重大成果的汇报

在长江院组建和试运行一年之后，我代表长江院，向人大的相关职能部门作了述职报告。在所有的述职机构中，长江院拿了第一名。在述职之后，有关领导提出要总结重大的成果再上报给人大校领导。为此，我在全面工作的基础之上，归纳出以下八项重大成果。

①初步建成完整的组织架构、业务团队、管理制度。组建了高层级的专家委员会，有两位成员为副部级专家领导。

②依托人大及国发院资源优势，完成宜宾 18 项课题研究。课题组

调研人数达103人次。人大教授的接地气和吃苦耐劳作风给当地人员留下了深刻印象。

③根据宜宾市领导的指示，组织了高层次论坛，演讲人员以局级领导和专家为主，还有副部级领导作主旨演讲，并发布了《长江宣言》，对长江经济带110个城市形成了广泛影响。

④依托人大国发院资源优势，发放信息服务产品两万余份，对地方决策和参考发挥了持续性影响力。

⑤取得显著的媒体发文和宣传成效。全院新闻发文数88篇，字数达到14.6万字，其中我发文40多篇，在《人民日报》(含海外版)、《光明日报》《经济日报》中央三大报发文12篇，接受中央电视台《新闻联播》及财经频道、中文国际频道、中国国际广播电台等采访报道20集次，入选人民网理论频道2018年度“十大好声音”。

⑥咨政内参成效突出，获中央领导以及省部级批示16次，我撰写的内参被副总理批示1次，政治局常委批示1次，邓玲教授撰写的内参被副总理批示1次。此外，我撰写的内参被湖北省、云南省制定政策和规划时采纳。

⑦服务宜宾市委委托的重大任务。宜宾申建省经济副中心等18个重点课题，委托长江院组织专家团队评审、完善；重点参与宜宾新型智库建设，组织新型智库选拔评审，制订和完善智库管理制度，指导新型智库的发展建设；接受市委书记下达的邀请全国知名专家开展宜宾加快建成全省经济副中心专项课题研究任务，对此，宜宾市委高度重视，任命市委书记为课题领导小组组长、市长和市委副书记为副组长。

⑧对宜宾的改革发展成就以及形象价值，进行了富有特色且易于传

播的归纳和宣传。我提出“六个宜宾”，从六大方面概括宜宾的改革成就和优势价值：域心宜宾、生态宜宾、产业宜宾、旅游宜宾、科教宜宾、开放宜宾；“宜宾六美”：山美、水美、酒美、茶美、食美、德美；“龙尾理论”，包括上海等是长江的“龙头”及“龙头的重要作用”，武汉等是长江的“龙腰”及“龙腰的重要作用”，而宜宾以及四川等上游地区作为“龙尾”，更加重要，因为一些动物的尾巴决定着方向，上游建设好了，长江才是真的建设好了。央视著名主持人鲁健当场指出：“‘龙尾理论’就此诞生了。”此外，筹备出版《宜宾市改革发展典型案例》(四卷)。

两篇不同凡响的报道

自人大组织部委任我为人大长江院院长以来，我参加来自全国的活动和事项是比较多的，一般情况下，对于我所参加的活动是不进行报道的。随着长江院的不断发展和建设，研究院加强了对重要事项的整理和报道，于是，我参加的一些重要事项和活动，研究院相关工作人员开始进行报道。其中，有两篇报道，在社会上引起了广泛关注，现引用如下。

罗来军院长应邀出席国庆70周年阅兵典礼

2019年10月1日上午，庆祝中华人民共和国成立70周年大会在北京天安门广场隆重举行，军民以盛大的阅兵仪式和群众游行欢庆祖国70华诞。中国人民大学长江经济带研究院(简称人大长江院）院长罗来军教授应邀出席新中国成立70周年阅兵观礼重大活动。人民日报社、新华社等媒体现场对罗院长采访。

人大长江院是中国人民大学与宜宾市合作共建的从事政策研究的智库机构。中国人民大学靳诺书记、刘伟校长、刘元春副校长，宜宾市刘中伯书记、杜紫平市长、邓前卫副主任对人大长江院的建设和发展高度关怀，并提出建设目标：人大长江院要建设成为全国校府（高校与政府）智库合作的先进典范与样板。

人大长江院在组建不到两年的时间内，已取得瞩目的成绩：在内参方面，已获得了包括总书记批示在内的中央领导和副省部级及以上领导批示20多次，其中《决策参考》前3期内参，获得副省部级及以上领导批示7次，包括政治局常委批示1次，副总理批示1次，还收到上海、湖北、广西、云南四省市区合作、考察调研、做规划专家邀请，被智库界赞誉为创造了“智库奇迹”；在课题研究方面，已开展课题研究约40项；在论坛方面，已举办长江经济带发展论坛3次，中央部委及地方领导、专家共议改革开放，并发布了《长江宣言》；在媒体报道方面，已在《人民日报》《光明日报》《经济日报》、人民网、光明网、中国网等媒体发表文章约200篇，此外，罗来军院长10多次接受中央电视台、中国国际广播电台、上海等地方电视台采访报道，并上中央电视台《新闻联播》；入选人民网理论频道年度“十大好声音”。人大长江院为长江经济带发展战略这一重大国家战略，以及省市等地方政府的改革发展，作出了积极贡献。

（冯燕，中国人民大学长江经济带研究院）

罗来军院长“男主角”拍摄的《长江之恋》载誉收官

《长江之恋》是国家广播电视总局重点扶持项目，由上海广播电视台牵头，联合长江经济带11省市卫视，聚焦新思路、新做法下的新长江，是对党和国家生态文明建设思想和战略部署的深刻诠释和生动解读，是新中国成立70周年的献礼巨制。《长江之恋》是国内首部4K拍摄，全景式、浸润式、立体式记录长江的大型纪录片，国庆热播，取得斐然成绩。国家广播电视总局和中国电视艺术家委员会将在京召开《长江之恋》研讨会，节目组诚邀罗来军院长参加并发言，导演给予了高度赞誉，指出：罗来军院长是节目组的第一嘉宾，几乎每集都用了其见解，不仅是台前男主角，还是幕后支持者。

一、国庆热播，多平台成绩斐然

2019年10月2日至10月4日，52城收视0.15，收视人群达6145000人，全国卫视频道专题类节目排名第五。10月4日第5、6集收视达0.22，全国卫视频道专题类节目排名第一。此外，第5、6集的全国卫视同时段节目排名第五。爱奇艺纪录片频道飙升榜排名第四。微博话题#纪录片长江之恋#6310.1万阅读量。抖音#纪录片长江之恋#72.6万播放量。

二、名人大V齐发声，守护长江声势浩大

《长江之恋》引发了广泛而深刻的反响，名人大V不断发声，呼吁保护长江，守护母亲河，把生态文明建设和绿色发展推向新高度。包括林依轮、郑恺、胡歌、贾玲、刘雅瑟、噶甲尔－吐旦旦巴、杨颖等。

三、沿江省市倾情联动，全国各地普遍关注

沿江12省市对《长江之恋》呈现联动局面，合力展现壮美画卷。呈现了各种平台推荐、展现、评价的盛况，比如浙江卫视新闻中心、东方卫视极限挑战、诗画浙江文旅资讯、铜仁发布、四川广播电视台、湖北卫视、安徽卫视、重庆市文化旅游委、青海卫视、四川生态环境、武汉生态环境、宜昌生态环境、聚九江、攀枝花日报、重庆武隆白马山、内江环境、东方卫视番茄台等。全国各地关注度不断提升，多地纷纷推介与评价，比如英国住上海总领事、WWF世界自然基金会、网信党建、海南生态环境发布、城市CityHigh、佛山本地资讯、厦门广电网络、石家庄全攻略、长春探城记、岳阳市江豚保护协会、自然之友、文旅之声、山水自然保护中心、南京江豚保护协会等。

四、各大媒体点赞不断，行业公众号极力推荐

《长江之恋》瞬间成了各大媒体的宠儿，纷纷点赞，比如光明日报、学习强国、文汇报、中新网、东方网、人民网、澎湃新闻、解放日报、上海日报、新闻晨报、翱翔网、新民晚报、中国日报等。行业公众号的推荐热情亦是高涨，大力推荐和传播，比如中国电视艺术家协会、广电时评、传媒视听、文旅之声、东方卫视、上海纪实频道等。

（胡先强，中国人民大学长江经济带研究院）

第四章

第二次长江座谈会

2016年1月5日，习近平总书记在重庆调研，召开推动长江经济带发展座谈会，为长江经济带建设发展定下基调：推动长江经济带发展必须从中华民族长远利益考虑，走生态优先、绿色发展之路。2018年4月26日，习近平总书记在武汉主持召开深入推动长江经济带发展座谈会并发表重要讲话。他强调，推动长江经济带发展是党中央作出的重大决策，是关系国家发展全局的重大战略。新形势下推动长江经济带发展，关键是要正确把握整体推进和重点突破、生态环境保护和经济发展、总体谋划和久久为功、破除旧动能和培育新动能、自我发展和协同发展的关系，坚持新发展理念，坚持稳中求进的工作总基调，坚持共抓大保护、不搞大开发，加强改革创新、战略统筹、规划引导，以长江经济带发展推动经济高质量发展。第二次长江座谈会对新形势下推动长江经济带高质量发展作出了根本部署，这无疑对长江经济带的未来发展至关重要。

专家有话说

我作为长江院智库机构的代表，在此部分具体阐释智库在第二次长江座谈会之前、之中、之后如何服务国家战略，这是全方位服务国家战略的较具典型性的案例。因资料齐全，展示得比较完整。

长江经济带发展战略作为党和国家的重大决策和重大战略，在党的最高领导人到长江进行视察调研并召开推动长江经济带发展座谈会之前，需要对有关问题进行了解和分析。总书记要到长江经济带来，中央有关部门领导提前联系我，要求对有关情况和问题进行分析，提供内部参阅资料。在总书记来之前，《经济日报》连续四天刊发“罗来军谈长江经济带发展”系列文章。

在总书记视察调研期间，媒体与政策机构全程跟踪总书记的讲话、主张和看法，并及时进行解读与分析。有关单位向我紧急约稿或“约谈”，希望快速对总书记的新主张、新见解进行解读和分析。其中比较有代表性的是《人民日报（海外版）》的刊文以及《中国访谈》的专访。

事后，多个高端机构邀请我对长江经济带发展作分析、谈看法、提主张，从总书记视察长江的4月一直持续到8月。中央电视台财经频道、中文国际频道、中国国际广播电台等对我进行了采访或专访；《光明日报》《湖北日报》《改革》《中华环境》等刊发了解读文章或深度分析文章。根据座谈会的内容和精神，我迅速策划和组织了一组内参，报送给中央有关领导、中央与国家有关部门和部委、长江经济带11省（市）有关部门和领导，咨政成效很好。

第二次长江座谈会前的内部参阅

长江经济带发展战略作为党和国家的重大决策和重大战略，党的最高领导人到长江进行视察调研并召开推动长江经济带发展座谈会之前，需要对有关的问题和现象进行了解和分析。

2018 年 4 月，习近平总书记要到长江经济带来。为了深入了解和分析有关问题和事项，中央有关部门领导提前联系我，要求对长江经济带的情况和问题进行分析，提供内部参阅资料。我认真做了准备，并深入地谈了看法和意见。在此，概括介绍几个要点：其一，2016 年，重庆召开推动长江经济带发展座谈会，提出共抓大保护、不搞大开发。之后，一些相关人员和地方领导就产生了迷惑，不搞大开发那到底还要不要开发？还要不要发展？什么样的开发和发展不是大开发？二者的区别和界限是什么？其二，生态环境问题依然严峻，不能掉以轻心，一些地方追求经济增长指标，对生态建设和环境保护喊得响，但实际执行力度差，生态系统的破坏问题并没有完全制止，有些地方的环境危害问题比较严重，污染问题也没有得到很好控制，此外，生态补偿机制建设等管理体制、机制问题的科学性、进度等均需要加强加快。其三，长江经济带发展的顶层设计尚需进一步完善和加强，各个地方的主体功能需要论证和细化，对地方政府的考核标准需要调整和完善。其四，长江经济带地域广阔，不同区域之间的不平衡、不协调问题突出，各个省市、各个城市、各个地方之间的协同、协调、整合需要加强，需要梳理出“一盘棋”设计、建设和发展的思想思路、体制机制和政策举措等。我的一些看法和意见为第二次长江座谈会即深入推动长江经济带发展座谈会提供了服务，为有关部门提供了参阅资料。

第二次长江座谈会前的媒体预热

长江经济带发展战略作为党和国家的重大决策与重大战略，在新形势下如何推进和实现高质量发展，是需要重视和部署的重大问题。习近平总书记决定第二次视察长江并召开深入推动长江经济带发展座谈会，是部署长江经济带发展战略的关键事项。中央媒体也高度重视这次的国家行动，并在总书记视察前对相关的重要问题作了预热和讨论。《经济日报》从 2018 年 4 月 16 日到 19 日连续四天刊发了“罗来军谈长江经济带发展”系列文章，分别为《定位精准才能更好落地》《生态建设重在落到实处》《保护长江生态须出实招》《实现长江经济带发展“三项变革”》。

《经济日报》连续刊发的四篇文章，对认识并推进长江经济带高质量发展将在较长时期内具有积极意义。

定位精准才能更好落地①

编者按　推动长江经济带发展是国家的一项重大区域发展战略。习近平总书记在党的十九大报告中明确指出，“以共抓大保护、不搞大开发为导向推动长江经济带发展”。这是在新的历史起点上推动长江经济带发展的总要求和根本遵循。长江

① 罗来军 . 定位精准才能更好落地 [N]. 经济日报，2018-04-16 (9).

经济带是大跨度的经济带，推动长江经济带绿色发展，必须通过体制创新，促进上中下游协同融合、东中西部互动合作。为进一步深化对长江经济带发展的认识，《经济日报》特邀中国人民大学长江经济带研究院院长、教授罗来军作出相关解读，欢迎广大读者关注并参与讨论。

习近平总书记高度重视长江经济带这一国家级重大战略。早在2016年1月5日，在推动长江经济带发展座谈会上，习近平总书记就明确强调，长江是中华民族的母亲河，也是中华民族发展的重要支撑；推动长江经济带发展必须从中华民族长远利益考虑，走生态优先、绿色发展之路，使绿水青山产生巨大生态效益、经济效益、社会效益，使母亲河永葆生机活力。党的十九大报告关注了长江经济带建设，指出要以共抓大保护、不搞大开发为导向，推动长江经济带发展。

长江经济带建设之所以受到高度重视，是因为这一地区是我国人口集聚最多、经济体量最大、发展潜力最强的经济区域之一，对协调区域发展、培育增长动能、建设生态文明、优化空间结构具有重要的战略支撑作用。2014年召开的中央经济工作会议明确将“一带一路”“京津冀协同发展”和“长江经济带”列为新时期优化我国经济发展空间格局的“三大支撑带战略”。要推动这一国家重大区域发展战略更好地实施，最为重要的是对长江经济带建设给出明确、精准的定位。

习近平总书记的重要讲话和指示，是长江经济带发展的方向指导和基本遵循，从中能够勾勒和推演出长江经济带发展的精准定位。习近平总书记强调推动长江经济带发展要把修复长江生态环境摆在压倒性位置，这种压倒性位置主要体现在两个方面：一是生态优先，绿色发展；二是共抓大保护，不搞大开发。由此，可以把长江经济带发展的精准定位概括为三个层次：首先，要保护、修复和建设长江生态；其次，在生态优先的前提下谋划绿色发展，即发展不能破坏和干扰生态环境；最后，一些发展反过来又能够促进生态建设。这三个层次的定位能够把生态与发展、绿色与繁荣协调起来、统一起来。

当前，在很多地方更倾向于追求经济增速的情况下，无论是生态保护、修复和建设，还是绿色发展，都不是一蹴而就的。在短期内，资源与精力投入到生态保护、修复和建设以及绿色发展之中，势必会在一定程度上影响 GDP 增速，导致一些地方不愿意在大保护上下功夫。与此同时，长江经济带覆盖 11 个省市，生态保护和绿色发展也容易陷入“九龙治水”的困境。为规避上述问题，需要国家建立相应的组织保障。在自然资源部、生态环境部下设立长江经济带绿色发展协调委员会，对长江经济带的生态保护与发展工作在多地区、多部门之间统筹协调、综合决策。该委员会以自然资源部、生态环境部为考核主体、各个省市为责任主体，建立协调联动机制，实行跨区域联合执法。

生态建设重在落到实处[①]

长江经济带发展走生态优先、绿色发展之路，定位于首先保护、修复和建设长江生态，其次谋划绿色发展，这样的发展模式和路径是基于客观情况的科学决策，是基于发展规律的正确抉择。

长江独特的生态系统是我国必须保护的重要生态宝库。长江经济带森林资源丰富、水资源充裕、生物种类繁多、生态流量充足，是我国生态文明建设的重要支撑带，构成我国生态文明建设的“绿色脊梁”。然而，以往一些地方在经济建设取得显著成就的同时，生态系统却明显退化。长江上游地区森林覆盖率已由20世纪50年代初的30%至40%，下降到目前的10%左右；围湖造田、填湖造陆使长江中游地区的湖泊面积由1950年的17198平方千米减少到现在不足6600平方千米；由于工程建设忽视生态系统完整性，致使长江中鱼类等生物栖息地遭受破坏，水生生物的数量和种类不断减少；此外，地震、滑坡、泥石流等自然灾害频发，自然因素、人为因素造成的水土流失逐年加重。

长江生态建设的任务紧迫，不能仅把生态建设写在纸上、说在嘴上、挂在墙上，而是要落到实处。

首先，要设立长江经济带生态至上的政府考核标准。虽然生态的重要性被一再强调，但是很多地方政府依然更看重各种

① 罗来军．生态建设重在落到实处 [N]. 经济日报，2018-04-17 (9).

经济指标的增长。如果地方政府不牢固树立新发展理念，就难以把更多的资源和精力投入到生态建设上。

其次，有针对性地采取生态建设措施。制止对森林树木的不科学砍伐，加强林木培育与种植；禁止围湖造田、填湖造陆致使湿地面积减少的做法，加强湿地保护；加强长江生物栖息地保护和建设，遏制生物多样性减少趋势；对地震、滑坡、泥石流等自然灾害做好防护措施，杜绝人为因素，控制水土流失。

最后，可探索规划建设长江上游生态屏障国家公园。长江上游地区素有绿色生态屏障之称，地质构造复杂，地貌类型多样，生态环境复杂，生物多样性丰富，构成了特殊的生态环境功能，这些特征均是建设国家公园的优势条件。

保护长江生态须出实招①

长江经济带发展走生态优先、绿色发展之路，就必须打好污染防治攻坚战。

打好污染防治攻坚战之所以重要，是因为长江经济带的环境污染仍较严重，其中水污染问题尤为突出。仅就长江排污而言，长江接纳的废水量位居全国七大流域首位。空气质量也不容乐观，长江经济带聚集着全国30%的石化产业和40%的水泥产业，空气污染不断加重。此外，在长江经济带6.7亿亩耕

① 罗来军. 保护长江生态须出实招 [N]. 经济日报，2018-04-18 (9).

地中，有2.2亿亩存在不同程度的土壤污染。

面对上述污染形势，长江经济带作为全国生态优先的绿色发展区域，一定要采取坚决举措，在污染防治上出实招、见实效。

一是建立明确的长江经济带生态环境损害赔偿制度。加强环境污染防治，改革和完善生态环境管理，最直接、最有效的举措，就是建立明确的、具体的损害赔偿制度和处罚机制。无论是谁破坏了生态环境，导致环境污染，都逃脱不了相应的处罚，都要付出相应的赔偿，这样就能够确立起有效的污染防治制度。而且，处罚力度要足够大，这样才能够制止污染行为的发生。

二是推动沿江传统工业转型升级或者搬迁改造。在长江生态方面，沿江传统工业带来的污染是非常严重的。要想保护好“一江碧水、两岸青山”，必须解决沿江传统工业的污染问题。出路大致有两个：①创新改造，实现转型升级，达到环保标准；②整治与搬迁改造，关闭或者转移污染源。在短期内，很多传统工业企业因受技术、人才、资金限制，很难完成转型升级，如果想较快地扭转长江沿线污染局面，转移污染源和搬迁改造是首选方案。这需要有关方面下定决心实施搬迁，并制订可行的搬迁方案和严格督促执行。

三是加大沿江的环境维护与治理工作。长江漂浮垃圾成灾的一个重要原因是，长江沿线垃圾能够较随意地投入江中，缺乏管理和监管。为了避免类似情况发生，长江沿线应该大力加强和推行河长制，要求各级河长切实担负起相应江段的管理和保护责任，包括水资源保护、水域岸线管理、水污染防治、水环境治理、固体垃圾管理等。

实现长江经济带发展“三项变革”[①]

党的十九大报告指出，我国经济已由高速增长阶段转向高质量发展阶段，要推动经济发展质量变革、效率变革、动力变革。长江经济带建设作为我国的重大区域战略，应该在高质量发展上做改革先锋，努力推动质量变革、效率变革、动力变革“三大变革”，这也是长江经济带转变发展方式、优化经济结构、转换增长动力的需要。

当前，长江经济带建设取得了显著成就，但也存在发展方式粗放、发展质量不高的问题。比如，长江沿岸工农业万元工业增加值用水量约为全国平均水平的两倍；长江经济带有 34 种矿产储量占全国储量 50% 以上，但金属矿产尾矿利用率约为 10%，远低于发达国家 60% 的利用率；长江流域页岩气资源可开采量达 15.5 万亿立方米，占全国总量的 62%，但能源资源综合利用效率仅为 33% 左右，比国际先进水平低近 10%。

在实现质量变革、效率变革、动力变革方面，长江经济带具有独特的自然资源优势和生态环境优势，应该利用好这些优势，打造绿色发展的示范区。

① 罗来军 . 实现长江经济带发展“三项变革”[N]. 经济日报，2018-04-19 (9).

一是提升现有矿产开采、资源利用、加工制造的技术水平和质量标准。长江经济带的水资源、土地资源、矿产资源等非常丰富，但产业效率并不高，关键原因是技术水平低、管理技能差。在今后发展中，对技术落后、效率低下、缺乏市场竞争力的产业和企业，应抓紧实行兼并重组或关闭淘汰；对有发展前景的产业和企业，则应加大技术改造力度，实现产业转型升级。

二是大力发展绿色产业、生态产业。发挥长江经济带固有的生态优势和资源优势，大力发展环保型产业。习近平总书记今年 2 月份考察四川时指出，四川是产竹大省，要因地制宜发展竹产业，发挥好蜀南竹海等优势，让竹林成为四川美丽乡村的一道风景线。根据这一讲话精神，宜宾市大力挖掘蜀南竹海的优势和潜力，积极规划竹产业，在绿色产业上下功夫，既促进经济上的产业发展，又培育环境上的生态资源。

三是挖掘开放优势，发展清洁经济。长江经济带由西向东横贯中国，可以享有沿海开放与内陆开放两种开放优势。借助“一带一路”建设，加强沿海开放，借助“南方丝绸之路”挖掘内陆开放优势，实现“一带一路”建设与长江经济带战略互推共进。其中，内陆开放优势有更多的潜力需要挖掘，比如武汉、重庆、宜宾等沿江城市均需在建设内陆开放高地上做好文章，积极探索自贸试验区、开放口岸、保税港区、综合保税区、自由贸易港等方面的建设。

第二次长江座谈会中的跟踪分析

在习近平总书记到湖北、湖南视察调研的期间，很多媒体与政策研究机构全程跟踪总书记的讲话、主张和看法，并及时进行解读与分析，向社会各界传达关于长江经济带发展战略的最新动向。有关单位向我紧急约稿或“约谈”，希望快速对总书记的新主张、新见解进行解读和分析。其中比较有代表性的是《人民日报（海外版）》刊发的《为长江经济带发展“立规矩”》以及中国网《中国访谈》以《可建设长江经济带示范区　助推经济高质量发展》为题进行的专访。以下分别刊出其具体内容。

为长江经济带发展“立规矩”①

中共中央总书记、国家主席、中央军委主席习近平 4 月 26 日下午在武汉主持召开深入推动长江经济带发展座谈会并发表重要讲话。与两年前在重庆召开的“推动长江经济带发展座谈会”相比，本次座谈会标题多了“深入”二字。

本次座谈会上，习近平总书记强调，新形势下推动长江经济带发展，关键是要正确把握整体推进和重点突破、生态环境保护和经济发展、总体谋划和久久为功、破除旧动能和培育新动能、自我发展和协同发展的关系，坚持新发展理念，坚持稳中求进工作总基调，坚持共抓大保护、不搞大开发，加强改革创新、战略统筹、规划引导，以长江经济带发展推动经济高质

① 罗来军．为长江经济带发展“立规矩”[N]. 人民日报（海外版），2018–04–27 (2).

量发展。

这是新形势下推动长江经济带发展的根本遵循——正确把握“五大关系”，做到“三个坚持”，实现“一个加强”，落脚点是“高质量发展”。在谈“五大关系”时，总书记就“长江生态环境保护修复”作出重要论述。他说，“第一，正确把握整体推进和重点突破的关系，全面做好长江生态环境保护修复工作”“第二，正确把握生态环境保护和经济发展的关系，探索协同推进生态优先和绿色发展新路子”。

从底线看，推动长江经济带发展，前提是坚持“生态优先”。这就要求从生态系统整体性和长江流域系统性着眼，统筹山水林田湖草等生态要素，实施好生态修复和环境保护工程。

辩证地看，“生态优先”并不是忽视发展，而是要探索协同推进生态优先和绿色发展新路子。要推动长江经济带绿色发展，关键是要处理好绿水青山和金山银山的关系。生态环境保护和经济发展之间，不是矛盾对立的关系，而是辩证统一的关系。

历史地看，总书记在十九大报告中说，建设生态文明是中华民族永续发展的千年大计。这千年大计中，显然包括长江生态修复。长江拥有独特的生态系统，是中国重要的生态宝库。

现实地看，当代人，必须为千年大计考虑，为母亲河着想。就生态修复，习近平总书记 24 日、25 日在湖北湖南考察期间，走一路，问一路，关心一路。24 日中午，习近平到兴发集团宜昌新材料产业园，察看化工企业搬迁、改造以及码头复绿情况。习近平强调指出，要坚持把修复长江生态环境摆在推动长江经济带发展工作的重要位置，共抓大保护，不搞大开发。不搞大开发不是不要开发，而是不搞破坏性开发，要走生态优先、绿色发展之路。

生态优先，足见长江生态环境保护修复在总书记心中的分量。绿色发展，则为发展指明了方向。

这就为长江经济带发展立下了规矩——把长江生态修复放在重要位置，保护好中华民族的母亲河，不能搞破坏性开发。规矩就是红线，长江经济带不能搞破坏性开发；规矩也是手段，坚持生态保护，倒逼产业转型升级，最终实现高质量发展。

在正确把握“五大关系”、做到“三个坚持”、实现“一个加强”、推动“高质量发展”的生动实践中，长江经济带必将在新时代建设成为生态更优美、交通更顺畅、经济更协调、市场更统一、机制更科学的黄金经济带。

可建设长江经济带示范区　助推经济高质量发展[①]

中国网：各位网友大家好！中国访谈，世界对话。欢迎您的收看。近日，习近平总书记深入湖北、湖南，实地考察长

① 杭舟编．可建设长江经济带示范区　助推经济高质量发展 [EB/OL]. http: // fangtan. china. com. cn /2018-04/28/content-5/00055/. htm, 2018-04-28.

江经济带发展战略实施情况，并在武汉主持召开深入推动长江经济带发展座谈会，发表重要讲话。他强调，推动长江经济带发展是党中央做出的重大决策，是关系国家发展全局的重大战略。此次座谈会传递出了哪些重要信号？做出了哪些重大部署？本期中国网《中国访谈》我们特邀中国人民大学长江经济带研究院院长、国家发展与战略研究院研究员罗来军为您解答。

罗院长您好，感谢您做客中国访谈。

罗来军：中国网的网友大家好。

中国网：2014年中央经济工作会议首次明确提出要在全国重点实施“长江经济带”等三大经济发展战略。2016年1月5日，习近平总书记在重庆召开了推动长江经济带发展座谈会，到这个月26日刚刚在武汉召开的这次深入推动长江经济带发展座谈会，在短短两年多一点的时间内就召开了两次关于长江经济带发展的重要会议，这体现了国家怎样的考虑和战略安排？

罗来军：习近平总书记在过去两年多时间内，两次召开关于长江经济带的座谈会，充分体现了习近平总书记本人，以及中央对长江经济带发展战略的高度重视。

为什么对长江经济带发展战略这么高度重视呢？我想可以概括四个“最”：就经济地带而言，长江经济带是人口聚集最多，经济体量最大，生态资源最丰富，发展潜力最强。作为整体来看，具有这四个“最”特征的经济地带，它的战略位置就非常重要。

从2016年重庆市召开的座谈会，到这个月在湖北召开的座谈会，一以贯之，体现了中央对长江经济带如何发展、如何建设，提出了重大战略的设计与规划。这两个座谈会实际上是连在一起的，能够看出长江经济带有三大发展方向。

第一，生态文明建设。因为长江经济带刚才我讲了，它的生态资源在中国是最为丰富的，中央也希望在长江经济带对国家的生态文明建设做出重大的突破。

第二，绿色发展。大家都知道经过改革开放40周年，我国的经济建设取得了伟大的成就，但同时也存在着一些问题，比如环境遭受到一定的影响。绿色发展是未来的一个重要的方向，而长江经济带有它独到的条件和优势，中央和国家在强调绿色发展方面可以做一个重大的突破。

第三，区域协调发展。长江经济带覆盖了11个省市，有上海这样非常发达的经济地区，也有像中西部经济这样比较欠发达的地区。作为一个完整的经济地带，如何把这个区域内部协调起来，对我国发展来讲是一篇大文章。

中国网：长江经济带在我国人口、GDP中都占到了高达40%的比重，可以说是非常重要。目前长江经济带战略实施情况如何，还存在哪些问题和挑战呢？

罗来军：长江经济带战略实施以来，尤其后来我们有了长江发展的规划建议，它的正面的效果和成效还是非常显著的。我们可以简单看一个方面，比如污染问题。在长江沿线，包括附近地区最近几年确实有很多污染比较严重的企业开始搬离，搬离之后留下来的地方进行了很好的绿化。还有一些企业就开始在技术上进行升级，就是减少污染的排放。这是环保污染治理这块。

再看长江经济带地区的经济增长，刚才提到GDP的总量，以及产业发展的水平都是逐步提升的，人民的生活水平也在改进，包括扶贫地区，据我了解长江上游的扶贫效果都是非常明显的。当我们看到取得的重大成就的同时，我们也不能低估还依然存在着的问题，这个问题可以从三个方面来进行梳理。

第一，长江这么一个区域它的经济效率相对还是偏低的，而且资源的利用率也是较低。我们在未来还应该进一步提升。

第二，污染治理。我们虽然有一定的成效，但是污染的总体形势还不能低估。长江有一个问题叫“重化工围江”，长江沿线一些化工企业、传统企业污水的排放、废弃物的排放和堆砌还仍然比较严重，也包括土壤（污染）这方面的（问题）。

第三，生态系统还存在着一定程度的退化。因为长江经济带无论是树林、竹林、绿地都是很大的区域，还存在着一定程度的乱开采，非法的采集、采伐。这些问题我们在未来还应该格外给予重视。

中国网：长江是我国第一大河，是中华民族的母亲河。习近平总书记再次强调，要把修复长江生态环境摆在压倒性位置，共抓大保护，不搞大开发。如何理解在长江经济带发展中划定的这条生态保护红线？

罗来军：这次习近平总书记提出来的生态红线，我觉得它有特别重要的意义，而且这个红线和2016年在重庆召开的推动长江经济带发展座谈会是连贯在一起的。可能很多专家，包括政策部门都认识到了，2016年在重庆召开的会议主题是推动长江经济带发展座谈会，那么本月是深入推动，加了“深入”二字，实际这两个座谈会是让习近平总书记关于长江经济带的重要指示更完整了。

那么怎么来理解这个问题呢？在重庆召开座谈会的时候，习近平总书记特别提出来，要“共抓大保护，不搞大开发”。这次湖北之行，习近平总书记提出了一个禁区，就是生态在长江经济带发展是一个禁区。所谓立个规矩，开发可以，但不能破坏生态。

这两次座谈会，习近平总书记把长江经济带发展的重要战略说透了。第一次（座谈会）之后一些专家还有疑问，我们是共抓大保护，不搞大开发，我们还要不要开发，还要不要发展，开发和发展的度在哪里。这次习近平总书记就把经济发展和生态保护的关系给彻底地、精准地说清楚了。

我对它进行了一个归纳或者概括，体现在四个层次上：第一个，我们要保护、修复和建设长江生态。这就是所谓的生态优先。第二个，在生态优先的前提下，我们要谋取绿色发展，这个发展不能破坏生态，不能破坏环境。

中国网：这是一个前提条件。

罗来军：第一个是生态前提，第二个就是生态的前提下绿色发展，绿色发展不能破坏生态。第三个，我们还要实现发展反过来能够推动生态建设。第四个，我们的生态建设和绿色发展要倒逼产业转型升级，要倒逼我们的科技进步。而且第四个层面也是习近平总书记在这次考察时特地提出来的。如果我们对传统的产业不进行转型升级，不进行科技进步的话，我们可能就实现不了绿色发展，也做不好生态建设。

这四个层次就能够把习近平总书记的重要指示清晰勾勒出来，可以归纳为一点，就是把生态和发展，绿色和繁荣统一起来，协调起来。

中国网：通过您这四个层次的解读，我们也非常清楚地了解了习近平总书记对长江经济带发展统领的思想，就是我们要在保护中发展，在发展中保护，不能再把经济发展和生态环境保护割裂开来，两者要有机融合。“共抓大保护，不搞大开发”这短短10个字也体现了绿色发展、可持续发展的思想。

就像您刚才所说的，要实现经济发展和生态环境保护相互促进的作用。习近平总书记还提到，要扎实推进供给侧结构性改革，推动长江经济带发展动力转换，建设现代化经济体系。长江经济带培育新动能将会以哪些产业作为突破方向和发展重点？还需要在哪些方面进行创新？

罗来军：我觉得长江经济带在现代化经济体系建设方面它是大有可为的，为什么呢？因为它有丰富的生态资源和环境的优势。刚才前面也讲到，虽然它存在着污染比较严重的问题，但是它自然资源的优势依然很明显。

要讲未来的突破方向，它的三产都有突破方向。我们知道第一产业是农业，第二产业是工业，第三产业是服务业，关键看这三个产业怎么定位。

对于长江经济带我还真是做过一些深入的研究，还做了一个高度的概括。应该说突破的一个方向就是（发展）生态农业、绿色工业和清洁服务业。这怎么来理解呢？

在农业，我们有更高的生态上的要求，农业可能与农作物的生长有关，比如我们利用农业加强长江经济带的植物的生长，比如树木的培育、农作物的培育。我们发展农业的时候使森林的覆盖率、植被的覆盖率和土壤的保护可以更加强大起来，所以这个农业带有生态。

在工业，考虑到生态的重要性和特殊性，一定要控制污染工业，要发展没有污染的（工业），当然污染程度低和容易防控的也可以。这样体现出绿色工业的特征来。

在服务业，未来长江经济带发展的空间非常大，它有很多时代性的机遇。除了我们刚才讲的自然机遇、区位机遇的优势，还有时代机遇的优势，比如在“一带一路”倡议下，我们国家又特别强调内陆的开放，长江经济带可以把海上开放优势和内陆开放优势立体地整合起来，可以发展一些服务业。服务业最大的特征是绿色、环保，可以加强长江经济带国内外的贸易港的建设，（发展）国内外的物流、金融等方面，这样在清洁的服务业上进行一些突破。

大的来看，现代化经济体系三产都可以突破，那么如何实现突破呢？刚才提到要进行一些创新，我觉得还有些问题需要我们去重视。

第一，首先还是思想认识方面。比如对于长江经济带，我们要生态优先，我们要绿色发展，大家一定要转变过去固有的发展理念和思维，比如不能过多地看重 GDP，不能再经济指标挂帅。比如我们要把生态的考核给加进去，这个地方的市场机制的建设、开放程度的推进，把这些都充分考虑进去。

中国网：这点非常重要，可以说是一个导向的问题。

罗来军：对，这是一个导向，思想认识还要进一步深化。

第二，在体制机制方面。无论是从中央层面，还是各个省市，要进一步放松不必要的一些管制，提升市场的一些活力，让民营企业能够有更好的空间。

中国网：提升市场活力。

罗来军：对，提升市场活力。当前中国的改革，长江经济带可以做一些重点的突破。

第三，如果一个地区认识也到位了，体制机制也到位了，但经济的发展、竞争力的提升并不是天然地就起来了。我们还要逐渐培育我们经济建设的能力和水平，这可能就牵扯到很多，比如说管理，管理素质、管理水平，科技进步，科技研发，还有一些重要的产业。比如说管理水平，有人就说管理也许是我们最大的短板。长江经济带我们要进行突破、进行发展的话，可能我们就要加强各种管理能力、科技水平、产业培育的建设，在这些方面有所作为。

中国网：这些可以说是一些软性的指标。您刚才说的思想认识、体制机制等方面，这也是我们下一步发展中需要注意和有创新空间的地方了。这次座谈会上，习近平总书记也提到了要以长江经济带的发展推动经济的高质量发展。在推动中国经济高质量发展过程中，在推动中国经济高质量发展的阶段，长江经济带将发挥怎样的作用？是否能够提供一些具体经验？

罗来军：长江经济带在国家推进高质量发展上应该做出它较大的贡献，为什么这么讲呢？进入新时代以来，我们的增长模式在转变，我们要由注重增长速度转向高质量的发展。高质量的发展从经济地带而言，长江经济带有它资源的优势、区位的优势，还有其他的一些综合的优势。那么这样一来对全国的经济体而言，推进高质量发展方面可能更容易、更快一点。

我可以讲一个简单的例子，比如四川宜宾市，今年2月习近平总书记对四川做了一次考察，提出了蜀南竹海。宜宾市就利用蜀南竹海在高质量发展做了较好的设计和部署。它是怎么发展呢？就是发展竹产业和旅游休闲产业。竹产业是注重发展生态，就是绿色的，一方面使产业发展，另一方面还使竹林的生长更加茂密，生态水平进一步提升。同时利用旅游优势和自然资源优势，发展旅游和生态，这对当地产业发展有促进，同时对生态的建设也有帮助。这就是我前面讲的，经济发展和生态建设正好二者统一起来了。

讲到这我想多说一点，我觉得我们国家对高质量发展，对于长江经济带可以做进一步的规划。这个规划我想体现在三方面，国家可以把长江经济带建成三方面的示范区：第一，国家生态建设的示范区；第二，国家绿色发展的示范区；第三，区域协调发展的示范区。

为什么要提出来这三个示范区呢？实际这三个示范区都是基于长江经济带它独有的特征，以它发展的比较优势而提出来的。如果我们国家把这三个示范区在长江经济带建设好，那么我想在国家高质量发展的大战略当中长江经济带的作用就能凸显出来了。

中国网：未来可以打造成充满活力的黄金经济带了。

罗来军：对。

图 4-1　中国人民大学长江经济带研究院院长罗来军接受专访

中国网：除了刚才咱们谈到生态环境保护、经济发展、供给侧结构性改革等，习近平总书记在考察中提到，真正的大国重器，一定要掌握在自己手里。核心技术、关键技术，必须要掌握在自己手里，要摒弃幻想、自力更生。在当前国内国际环境的大背景下，如何解读掌握核心技术和大国重器的重要性？

罗来军：科技的作用自古都非常重要。也许随着未来国内和国际形势的发展，还会越来越重要。一个国家的核心竞争力一定在科技这一块，所以说一个国家在国际上有强大的国际影响力、国际竞争力，在国内经济有很强的核心实力的话，一定要把科技抓好。习近平总书记这一次去三峡坝区这么一个重大的项目，它的综合效应涉及了生态、环境、航运、发电，这样影响非常大的项目可以说是大国的重器。但同时，非常重要的、大的项目往往都牵扯核心的科学技术，如果没有很高的技术，一般像这样的大国重器也建不起来。

在这样的情况下，比如我们国家是经济大国，要成为经济强国，还需要我们进一步推动。怎么推动？核心就是科技。所以我们在未来的一段时间，不论是长江经济带，还是整个国家的建设，我们无论多么强调科技都不为过。

中国网：可以说是再次强调了科学技术是第一生产力的重要性。

罗来军：对。

中国网：习近平总书记还提出了要树立“一盘棋”的思想，一张蓝图干到底。我们知道长江经济带的下游是比较发达的长江三角洲地区，但是在中上游还是包括了云贵川等集中连片特困地区，可以说在长江经济带整个区域范围内来看，其实存在着区域发展不平衡的现状。针对这个问题我们这盘棋应该怎么下，各地政府以及相关部门应该发挥怎样的作用？要实现长江经济带各地区、各城市错位发展、协调发展、有机融合还需要注意哪些问题?

罗来军: 习近平总书记提出来“一盘棋”的思想，这个是非常重要的。为什么呢?可能是长江经济带如何统一起来在中国具有典型性。因为我们前面也提到了，长江经济带覆盖了11个省市，而且这11个省市仅从经济纬度来看差别很大，有发达的地区，也有非常贫困的地区。我们从区域梯度来看，它横跨东中西，是一个“带”，覆盖范围很广，有很大的复杂性。在地理上、文化上、经济上，包括人的思维上差别很大。比如长江尾人们的生活方式和长江头的方式差别就很大。

整个长江经济带往回看的话，治理体系和治理机制确确实实存在问题。最严重的就是“九龙治水”的困境，多个部门各自为政。我们如果要想把长江经济带发展好、建设好，没有“一盘棋”的思想是不可能的。所以习近平总书记高瞻远瞩，抓住问题的本质，把这个提出来，来指导长江经济带的发展。

那么我们怎么才能落实这个“一盘棋”的思想，我觉得是有两个方面要协调推进。第一，在中央的层面，也是国家的层面，一定要对长江经济带不同的省市、不同的地区采取差异化考核的思想，不能搞一刀切。第二，各个地方一定要根据当地的比较优势进行经济发展和推动社会发展。这两个方面是结合在一起的，结合在一起才能更好实现“一盘棋”。

为什么是结合在一起呢?比如有些地方可能就是植树造林，就是生态保护，而且这种植树造林在短期内还没有经济效益。那么中央对它考核的时候要很清楚，千万不要考核它经济发展怎么样。人民的生活水平、当地的收入提高了没有，这个考核也是根据当地的具体的情况。我对这个地区就考核生态建设，生态建设好了，即使经济退步了，你依然是一个好的建设区，这里的领导依然是好领导。

中国网：要因地制宜地制定考核的指标。

罗来军：对。如果有这样明确的考核指标了，那么当地的领导也就不那么急着搞其他的经济建设，他就会把他的精力、时间、资源就投放到生态建设上。所以这两个是结合在一起的。

如果我们还是搞 GDP 挂帅，不具备经济发展条件的、不具备盈利条件的地方，生态建设（的任务）虽然很重，但是为了应付考核，（当地）领导下很大工夫去搞招商引资，这样可能我们想“一盘棋”就很难。有些地方生态搞好了，长江经济带是大的范围，其他方面有很好的经济发展，结合起来有可能虽然某一个地区，仅看经济指标落后了，但是整体的经济指标带起来了，为什么？适合搞生态建设的地方环境搞好了，整个地方生态好起来了，自然资源得到了保护，环境保护好了，绿色产业和清洁服务业就更容易发展起来。这才是我们落实“一盘棋”，搞一个经济体系的两个方面推进的思路。

中国网：感谢罗院长为我们带来精彩的解读。可以说推动长江经济带的发展是一个长期的、复杂的、系统性的工程，相信在不久的将来，通过抓好顶层设计，发扬好钉钉子的精神，我们一定可以把长江经济带打造成为一条充满活力的黄金经济带，为子孙后代留下一条清洁美丽的万里长江。谢谢您。

罗来军：感谢主持人，感谢各位网友。

中国网：感谢各位网友的收看。由于时间关系，本期节目到此就要结束了，下期再会。

第二次长江座谈会后的深度探析

在第二次长江座谈会之后，中央电视台、《光明日报》等媒体以及《改革》等学术期刊，与我进行了深度互动。同时，我还策划和组织了一组内参，报送给中央有关领导、中央与国家有关部门和部委。在座谈会之后，我有更多的时间进行思考和研讨，对长江经济带的探析更为深入了。在第二次长江座谈会之后，我受多个高端机构邀请对长江经济带作分析、谈看法、提主张。

中央电视台财经频道邀请我连续三期评论长江经济带发展，中央电视台中文国际频道连续四集就长江经济带发展对我采访报道；中国国际广播电台两次关于长江经济带发展对我进行专访；光明网以长江经济带发展为主题对我进行采访；《光明日报》刊发了文章《为长江经济带建设立下生态保护规矩》；光明网刊发了《长江经济带既要“深绿色”又要“大发展”》；《湖北日报》刊发了《推动长江经济带走生态优先绿色发展之路——深入学习贯彻习近平总书记视察湖北重要讲话精神专家讲习之一》；《中国环境报》刊发了《共抓大保护促进长江经济带高质量发展》，同时一些学术期刊也向我提出了约稿，《中华环境》刊发了《长江经济带生态保护仍需加强》；《改革》刊发了《长江经济带高质量发展的战略选择》等。

在第二次长江座谈会之后，根据座谈会的内容和精神，尤其是针对长江经济带发展中的重大问题与挑战，我迅速策划和组织了一组内参，对存在的重大问题与挑战进行具体地、深入地分析，并尽力提出可操作性强的政策建议。该组内参报送给中央有关领导、中央与国家有关部门和部委（中共中央办公厅、国务院办公厅、中财办、中共中央政策研究室、国务院研究室、国家发改委、自然资源部、生态环境部、商务部、水利部、农业农村部、交通运输部等）、长江经济带11省（市）有关部门和领导，并取得了良好成效，除了批示之外，还有国家部委的领导特地让工作人员给我打电话，对我撰写以及策划的内参表示感谢，感谢我为其部委的工作所带来的帮助。

专家有话说

对重大事件进行事前、事中、事后策划，是智库管理的重大技能。一般情况下，包括以下方式：①内参策划、组织与上报。对重大问题、关键事项等上报内参，既服务于党和国家领导人、地方党政领导决策参阅，又能够获得批示。②媒体文章策划、组织与刊发。对社会关注的热点问题、普遍问题、重大问题撰写媒体文章，并联络中央及地方媒体进行刊发，既正确引导人们的认知，又扩大智库的社会影响力。③发布专题研究成果或召开研讨会。既利于提升政策解析与设计的科学性，又能够加强智库同行的交流合作。

推动长江经济带走生态优先绿色发展之路——深入学习贯彻习近平总书记视察湖北重要讲话精神专家讲习之一[①]

编者按 正值全党全国深入学习贯彻习近平新时代中国特色社会主义思想和党的十九大精神的关键时刻，4 月 24 日至28 日，习近平总书记视察湖北、考察长江，为长江经济带发展掌舵领航、把脉定向，对新时代湖北改革发展提出重要要求、寄予殷切期望。

本报“新时代湖北讲习所”专栏今起新推“深入学习贯彻习近平总书记视察湖北重要讲话精神”讲习单元，围绕充分认识习近平总书记视察湖北重要讲话精神的重大意义，准确把握核心要义和精神实质，约请省内外专家学者进行专题讲习，推动全省上下用心领会、用情感悟、用力落实，切实把习近平总书记重要讲话精神转化为推动湖北各项事业再上新台阶的具体行动和实际成效。

讲习嘉宾

罗来军，中国人民大学长江经济带研究院院长、国家发展与战略研究院研究员、经济学院教授、博士生导师

① 周磊编．推动长江经济带走生态优先绿色发展之路——深入学习贯彻习近平总书记视察湖北重要讲话精神专家讲习之一 [N]. 湖北日报，2018-05-08 (3).

提要

总体上看，实施长江经济带发展战略要加大力度。必须从中华民族长远利益考虑，把修复长江生态环境摆在压倒性位置，共抓大保护、不搞大开发，努力把长江经济带建设成为生态更优美、交通更顺畅、经济更协调、市场更统一、机制更科学的黄金经济带，探索出一条生态优先、绿色发展新路子。

——4 月 26 日，习近平总书记在武汉主持召开深入推动长江经济带发展座谈会并作重要讲话时指出

推动长江经济带发展不能违反生态底线和红线

记者：4 月 26 日，习近平总书记在武汉主持召开深入推动长江经济带发展座谈会并发表重要讲话，深刻阐明了新形势下深入推动长江经济带发展的一系列重大理论和实践问题。我们注意到，与两年前在重庆召开的“推动长江经济带发展座谈会”相比，近日在武汉召开的深入推动长江经济带发展座谈会多了“深入”一词，怎样把握“深入”二字背后的深刻内涵？此次座谈会上，习近平总书记开宗明义指出，总体上看，实施长江经济带发展战略要加大力度。“加大力度”有怎样的针对性？

罗来军：总体而言，就是在两年前重庆召开的推动长江经济带发展座谈会的基础之上，更进一步地推动长江经济带的发展。2016 年 1 月 5 日，习近平总书记在重庆召开推动长江经济带发展座谈会上，就提出了关于推动长江经济带发展的重要战

略思想和根本工作遵循，如“当前和今后相当长一个时期，要把修复长江生态环境摆在压倒性位置，共抓大保护，不搞大开发”“推动长江经济带发展必须从中华民族长远利益考虑，走生态优先、绿色发展之路，使绿水青山产生巨大生态效益、经济效益、社会效益，使母亲河永葆生机活力”。

4 月 26 日，在武汉召开深入推动长江经济带发展座谈会上，习近平总书记又对“共抓大保护，不搞大开发”“生态优先、绿色发展”等核心要义作了进一步强调和指示，更明确也更严格地强调了长江经济带发展的红线与底线问题。首先，指明了生态环境保护和经济发展的正确关系，即长江经济带建设要共抓大保护、不搞大开发，不是说不要大的发展；其次，为长江经济带发展立规矩、下禁令，即要首先立个规矩，把长江生态修复放在首位，保护好中华民族的母亲河，不能搞破坏性开发；最后，通过立规矩，倒逼产业转型升级，在坚持生态保护的前提下，发展适合的产业，实现科学发展、有序发展、高质量发展。通过上述三个层层递进的逻辑关系，习近平总书记把“深入”二字的深刻内涵说透了。长江经济带需要搞发展，但不能违反生态这个底线和红线，要搞绿色发展、高质量发展。

此次座谈会上，习近平总书记指出“实施长江经济带发展战略要加大力度”有明确的针对性，即明确针对长江经济带发展目前面临的挑战和问题，需要加大力度去克服和解决。在肯定两年多来取得了积极进展的同时，总书记也指出要清醒看到面临的困难挑战和突出问题，如对长江经济带发展战略仍存在一些片面认识，生态环境形势依然严峻，生态环境协同保护体制机制亟待建立健全，流域发展不平衡不协调问题突出，有关方面主观能动性有待提高。对于如何“加大力度”，习近平总书记强调，新形势下推动长江经济带发展，关键是要正确把握整体推进和重点突破、生态环境保护和经济发展、总体谋划和久久为功、破除旧动能和培育新动能、自我发展和协同发展的关系，坚持新发展理念，坚持稳中求进工作总基调，坚持共抓大保护、不搞大开发，加强改革创新、战略统筹、规划引导，以长江经济带发展推动经济高质量发展。

上述指示和部署，对于新形势下深入推动长江经济带发展具有重要战略意义和实践价值。比如加强规划引导，能够有效地解决现有的一些问题。举例来说，如果要想更好地建设长江上游生态屏障，落实国家生态安全的重要战略部署，就需要尽快组织长江上游各省市和相关部委，采用先进的规划理念和方法编制长江上游生态屏障建设规划，以生态文明理念为指导，合理划分空间功能、强化工程建设和管理、建立综合决策机制和生态补偿机制、完善监管体系和法律体系、加大财政投入和建立多元化投融资机制等，通过一系列的科学的具体措施实现建设的实效。

为长江经济带发展“立规矩”“下禁令”意义重大

记者：两年前，习近平总书记在重庆召开推动长江经济带发展座谈会时指出，“当前和今后相当长一个时期，要把修复长江生态环境摆在压倒性位置，共抓大保护，不搞大开发”。总书记形容，“好像是泼了一盆冷水”。两年过去，回过头来我们如何理解“这盆冷水”？总书记把“共抓大保护、不搞大开发”称为“立规矩”“下禁令”，意义何在？

罗来军： 应该说两年前泼的“这盆冷水”，是一针清醒剂，实际上是给发展树立了一个前提，给产业树立了一个标杆。推动长江经济带发展座谈会在重庆召开时，正是沿岸一些地方快马加鞭上项目之际。众所周知，改革开放以来我国经济建设取得举世瞩目成就的同时，也带来了环境污染、生态破坏等问题。长江拥有独特的生态系统，是我国重要的生态宝库，在长江经济带的发展中就更要解决污染问题，以及对生态环境的各种危害问题。为此，习近平总书记两年前提出“当前和今后相当长一个时期，要把修复长江生态环境摆在压倒性位置，共抓大保护，不搞大开发”，对实现科学开发和高质量发展而言，是非常必要和重要的“冷水”。

回过头来看，“这盆冷水”已经取得了明显成效。如解决“化工围江”问题，很多污染企业实现了易地搬迁和改造升级，此次习近平总书记考察的兴发集团是全国最大的精细磷化工企业，也是三峡库区最大的移民搬迁企业。集团园区内原来临江建设的生产设施和码头已经搬迁和拆除，腾出岸线 950 米，退让用地 800 多亩，并完成全面绿化。习近平总书记考察时还指出，要下决心把长江沿岸有污染的企业都搬出去，企业搬迁要做到人清、设备清、垃圾清、土地清，彻底根除长江污染隐患。

习近平总书记为长江经济带发展“立规矩”“下禁令”，具有重大意义。虽然两年前就作出了“共抓大保护，不搞大开发”“生态优先、绿色发展”等重要指示，但人们对长江经济带发展战略仍存在一些片面认识，生态环境形势依然严峻。总书记在重庆和武汉两次座谈会上的重要讲话和指示精神，成为长江经济带发展最重要的方向指导和工作遵循。我们从中可以得出推动长江经济带发展的清晰思路，概括为四个层次：要保护、修复和建设长江生态；在生态优先的前提下谋划绿色发展，即发展不能破坏和干扰生态环境；一些发展反过来又能够促进生态建设；生态建设和绿色发展倒逼产业转型升级，否则淘汰或搬迁。无论是政策思路梳理，还是实际措施推行，按照这四个层次，就能够很好地贯彻习近平总书记关于长江经济带发展的重要战略思想和根本指示部署。

五个“更”体现出了明确的思路和方向

记者：“努力把长江经济带建设成为生态更优美、交通更顺畅、经济更协调、市场更统一、机制更科学的黄金经济带，探索出一条生态优先、绿色发展新路子。”在此次深入推动长江经济带发展座谈会上，习近平总书记以五个“更”定位长江经济带的发展目标。以长江经济带发展推动经济高质量发展，这五个“更”体现出怎样的思路和方向？

罗来军：习近平总书记以五个“更”定位长江经济带的发展目标，体现出了明确的思路和方向。

“生态更优美”指出了生态建设方面的发展目标。习近平总书记提出的“共抓大保护，不搞大开发”“生态优先、绿色发展”以及不搞破坏性开发的“立规矩”“下禁令”等，都是在高度强调生态建设。通过生态建设和环境保护，实现天更蓝、地更绿、水更清的发展目标。

“交通更顺畅”是长江经济带建设的应有之义。长江本身就是一条水上大通道，通过建设能够进一步提升长江黄金水道功能，与此同时，围绕长江水道建设综合立体交通走廊，打造综合型交通体系。长江交通能够发挥连贯东中西、畅通海陆空的作用，整合沿海开放与内陆开放两种开放优势。借助“一带一路”的“21世纪海上丝绸之路”加强沿海开放，借助“南方丝绸之路”挖掘内陆开放优势，实现“一带一路”与长江经济带两大国家战略互推共进。“经济更协调”“市场更统一”的目标对长江经济带发展的意义也非常重大。长江经济带覆盖11个省市，一方面各个区域的发展水平差异很大，另一方面长江生态治理因为条块分割容易陷入“九龙治水”困境。习近平总书记为长江经济带发展提出“一盘棋”思想，要求长江经济带的各个地区、每个城市在各自发展过程中一定要从整体出发，树立“一盘棋”思想，实现错位发展、协调发展、有机融合，形成整体合力。这样的思想以及相应的发展举措，有助于实现“经济更协调”“市场更统一”的发展目标。“机制更科学”

是永葆长江经济带活力的制度支撑，科学的体制机制能够扭转劣势和更好地发挥优势，最大限度地挖掘发展潜力和释放发展势能。面对长江经济带生态环境压力、区域发展不协调、主观能动性有待提高等问题，科学机制的构建与运转就显得尤为关键。关于如何确立更科学的机制，应该从两个方面着手：大力推进政府改革，充分发挥政府的治理与引领作用；鼓励和发挥社会机制作用，充分调动各个方面的积极性、能动性和创造性。我们在重视政府改革的同时，也不能忽视社会机制的调节和创造作用。比如沿江有的城市正在推进“长江经济带发展合作联盟”，促进整个长江经济带区域的政、商、学等领域之间的对话、交流与合作，挖掘和发挥社会不同角色的建设价值和发展作用。

长江经济带高质量发展的战略选择①

内容提要 推动长江经济带高质量发展是基于全国经济发展阶段和形势的战略选择，也是基于长江经济带本身的优势以及存在的问题所作出的科学抉择。长江经济带高质量发展在思想认识、管理体制、科学技术和政策制定等方面还面临着一些现实挑战。推动长江经济带高质量发展，应在改善生态环境、促进转型发展、探索体制机制改革等方面着力，发挥区域协商合作机制作用，建立健全生态补偿与保护长效机制，强化共抓

① 罗重谱．长江经济带高质量发展的战略选择 [J]. 改革，2018 (6)：13–25.

大保护的协同性。

关键词 长江经济带 高质量发展 区域协调发展

推动长江经济带发展，是党中央、国务院主动适应把握引领经济发展新常态，科学谋划中国经济新棋局，作出的既利当前又惠长远的重大决策部署。2017年中央经济工作会议明确指出，推动高质量发展，是保持经济持续健康发展的必然要求，是适应我国社会主要矛盾和全面建成小康社会、全面建设社会主义现代化国家的必然要求，是遵循经济规律发展的必然要求。2018年4月26日，习近平总书记在深入推动长江经济带发展座谈会上指出，新形势下，推动长江经济带发展，要"坚持新发展理念，坚持稳中求进工作总基调，加强改革创新、战略统筹、规划引导，使长江经济带成为引领我国经济高质量发展的生力军"。长江经济带发展，在推动我国经济高质量发展方面扮演着重要角色。与此同时，新时代推动长江经济带发展，也应按照高质量发展的要求和标准来进行。长江经济带实现了高质量发展，才能更好地推动我国经济实现高质量发展。基于此，本期以"长江经济带高质量发展的战略选择"为主题，由改革杂志社副总编辑文丰安教授与中国人民大学长江经济带研究院院长罗来军教授进行深度对话，深入探讨长江经济带高质量发展的相关问题。

长江经济带高质量发展的时代背景与必要性

文丰安：党的十九大报告指出，我国经济已由高速增长阶段转向高质量发展阶段。这是我国经济发展进入新时代的基本特征。实现高质量发展，已成为新时代我国经济发展的目标追求，在经济发展中起着统领作用。长江经济带发展是新时代我国实施的重大区域发展战略之一，理应按照高质量的发展要求采取相应措施。

罗来军：您讲得在理。推动长江经济带高质量发展是基于全国经济发展阶段和形势而作出的战略决策。习近平总书记在党的十九大报告中对我国的经济发展阶段和形势给出了准确的判断和阐释。他指出，中国特色社会主义进入新时代，我国社会主要矛盾已经转化为人民日益增长的美好生活需要和不平衡不充分的发展之间的矛盾。我国稳定解决了十几亿人的温饱问题，总体上实现小康，不久将全面建成小康社会，人民美好生活需要日益广泛，不仅对物质文化生活提出了更高要求，而且在民主、法治、公平、正义、安全、环境等方面的要求日益增长。同时，我国社会生产力水平总体上显著提高，社会生产能力在很多方面进入世界前列，更加突出的问题是发展不平衡不充分，这已经成为满足人民日益增长的美好生活需要的主要制约因素。必须认识到，我国社会主要矛盾的变化是关系全局的历史性变化，对党和国家工作提出了许多新要求。我们要在继续推动发展的基础上，着力解决好发展不平衡不充分问题，大力提升发展质量和效益，更好满足人民在经济、政治、文化、社会、生态等方面日益增长的需要，更好推动人的全面发展、社会全面进步。他还指出，我国经济已由高速增长阶段转向高质量发展阶段，正处在转变发展方式、优化经济结构、转换增长动力的攻关期，建设现代化经济体系是跨越关口的迫切要求和我国发展的战略目标。必须坚持质量第一、效益优先，以供给侧结构性改革为主线，推动经济发展质量变革、效率变革、动力变革，提高全要素生产率，着力加快建设实体经济、科技创新、现代金融、人力资源协同发展的产业体系，着力构建市场机制有效、微观主体有活力、宏观调控有度的经济体制，不断增强我国经济创新力和竞争力。

习近平总书记提出的我国社会主要矛盾的转化，也适合长江经济带的发展状况。发展不平衡不充分的问题在长江经济带的发展中同样存在，亦需要大力提升发展质量和效益，以便更好地满足人民在经济、政治、文化、社会、生态等方面日益增长的需要，更好地推动人的全面发展和社会全面进步。与此同时，长江经济带也同全国一样，已由高速增长阶段转向高质量发展阶段，正处在转变发展方式、优化经济结构、转换增长动力的攻关期，需要坚持质量第一、效益优先，以供给侧结构性改革为主线，推动经济发展质量变革、效率变革、动力变革。那么，在全国经济发展阶段和形势之下，推动长江经济带高质量发展就成为必然趋势和要求。

文丰安：长江经济带横跨我国东中西三大区域，覆盖11省市，具有独特优势和巨大发展潜力。这也是我国提出长江经济带发展战略的重要原因。而推动长江经济带高质量发展，有利于更好更充分地发挥长江经济带的优势和资源禀赋。

罗来军：长江经济带最独特的优势是得天独厚的生态资源。众所周知，长江是我国第一大河、世界第三长河，流域面积 180 万平方千米，约占全国总面积的 1/5。长江经济带森林资源丰富、水资源充裕、生物种类繁多，是我国生态文明建设的重要支撑带，构成我国生态文明建设的“绿色脊梁”。有数据显示，我国 40% 的可利用淡水资源在长江流域，流域内渔业资源丰富，淡水渔业产量约占全国的 60%；国家级和省级自然保护区有 1087 个，保护区面积为 1778.8 万公顷（1 公顷 =0.01 平方千米），湿地面积为 1154.3 万公顷，森林面积为 8466.06 万公顷，森林积蓄量为 531041.23 亿立方米，占全国比重分别为 39.67%、21.53%、40.76%、35.08%，高于长江经济带国土面积占全国的比重（21.23%）；森林覆盖率为 41.53%，远高于全国平均水平（21.63%）。

除生态资源优势之外，长江经济带还有其他诸多优势。一是交通优势。长江经济带横贯我国腹心地带，经济腹地广阔，不仅把东、中、西三大地区连接起来，而且还与京沪、京九、京广、皖赣、焦柳等南北铁路干线交会，承东启西，接南济北，通江达海。二是矿产资源优势。拥有的矿产资源储量大、种类多。三是产业优势，我国钢铁、汽车、电子、石化等现代工业的大部分汇集于此，集中了一大批大运量、高科技的工业行业和特大型企业，大农业的基础地位也居全国首位。四是人力资源优势，长江流域是中华民族的文化摇篮之一，人才荟萃，科教事业发达，技术与管理先进。五是规模优势，长江经济带覆盖11省市，面积约205万平方千米，人口和生产总值均超过全国的40%。

基于长江经济带的优势禀赋和发展势头，我把其特征概括为四个“最”，即长江经济带在我国的经济地带之中，人口集聚最多、经济体量最大、生态资源最盛、发展潜力最强。正是长江经济带的四个“最”，使其对协调区域发展、培育增长动能、建设生态文明、优化空间结构具有重要的战略支撑作用。

文丰安：现阶段强调推动长江经济带高质量发展，也是为了解决长江经济带发展中面临的相关问题。2018年4月26日，习近平总书记在深入推动长江经济带发展座谈会上指出了长江经济带发展面临的一些困难挑战和突出问题，如生态环境形势依然严峻，生态环境协同保护体制机制亟待建立健全，流域发展不平衡不协调问题突出，等等。这些问题是长江经济带战略实施的制约因素。

罗来军：是这样的。我们尚需看到长江经济带发展面临诸多亟待解决的困难和问题，主要是生态环境状况形势严峻、长江水道存在瓶颈制约、区域发展不平衡问题突出、产业转型升级任务艰巨、区域合作机制尚不健全等。

其中，生态问题是当前社会各界关注的焦点，存在的问题不容小觑。首先，环境污染仍较严重。目前在水质、空气、土壤等方面均存在着比较严重的污染问题。其中水污染问题尤为严重。比如目前超过600千米的长江边岸污染带已经形成，其中有毒有害物质含量高达300余种。长江沿岸60余个主要湖泊中，80% 存在严重富营养化现象。空气质量不容乐观，长江经济带聚集着全国 30% 的石化产业和 40% 的水泥产业，空气污染不断加重。土壤污染不可忽视，长江经济带 6.7 亿亩（1 亩 =666.67 平方米）耕地中，2.2 亿亩存在不同程度的土壤污染。其次，生态系统退化明显。目前，长江经济带面临着生态系统退化的问题，比如森林面积大幅度下降，据统计，整个长江流域原始植被减少了 85%；湿地面积锐减，比如我国第一大淡水湖鄱阳湖由 5200 平方千米萎缩至现在的 2399 平方千米；生物多样性减少，时常发生地震、滑坡、泥石流等自然灾害，水土流失逐年加重。最后，粗放发展方式致使资源浪费严重。粗放的发展方式致使水资源、土地资源、矿产资源、能源资源的利用上存在着严重浪费的问题。比如长江沿岸万元工业增加值用水量约为全国平均水平的 2 倍；金属矿产尾矿利用率约为 10%，远低于发达国家 60% 的利用率；能源资源综合利用效率仅为 33% 左右，比国际先进水平低近 10 个百分点。由此来看，长江经济带高质量发展的提出，十分必要，且正当其时。

长江经济带高质量发展的时代内涵

文丰安：党的十八大以来，习近平总书记两次主持召开长江经济带发展座谈会，为长江经济带发展导航定向。理解长江经济带高质量发展的时代内涵，需要认真学习贯彻习近平总书记关于长江经济带发展的重要讲话精神。

罗来军：我同意您的观点。与两年多前在重庆召开的推动长江经济带发展座谈会相比，今年在武汉召开的这次座谈会多了“深入”一词，是因为两次座谈会的内容密切关联而且有了进一步的递进提升。这两次座谈会一起把长江经济带高质量发展的战略定位、基本思路和根本遵循说清楚了。习近平总书记在重庆召开的推动长江经济带发展座谈会上提出了关于推动长江经济带发展的重要战略思想和工作遵循，主要体现在五个方面：第一，推动长江经济带发展必须从中华民族长远利益考虑，走生态优先、绿色发展之路，使绿水青山产生巨大生态效益、经济效益、社会效益，使母亲河永葆生机活力。第二，当前和今后相当长一个时期，要把修复长江生态环境摆在压倒性位置，共抓大保护，不搞大开发。第三，长江经济带作为流域经济，涉及水、路、港、岸、产、城和生物、湿地、环境等多个方面，是一个整体，必须全面把握、统筹谋划。第四，推动长江经济带发展必须建立统筹协调、规划引领、市场运作的领导体制和工作机制。第五，沿江省市和国家相关部门要在思想认识上形成一条心，在实际行动中形成“一盘棋”，共同努力把长江经济带建成生态更优美、交通更顺畅、经济更协调、市场更统一、机制更科学的黄金经济带。

在重庆召开的推动长江经济带发展座谈会上，习近平总书记提出了长江经济带高质量发展的核心关键词：生态优先、绿色发展；共抓大保护，不搞大开发；“一盘棋”。今年 4 月 26 日在武汉召开的深入推动长江经济带发展座谈会上，习近平总书记对“共抓大保护，不搞大开发”“生态优先、绿色发展”等核心要义作了进一步的强调，更明确也更严格地强调了长江经济带发展的红线与底线问题。第一，明晰生态环境保护和经济发展的正确关系，即长江经济带建设要共抓大保护、不搞大开发，但这不是说不要发展；第二，为长江经济带发展立规矩、下禁令，即要首先立个规矩，把长江生态修复放在首位，保护好中华民族的母亲河，不能搞破坏性开发；第三，通过立规矩，倒逼产业转型升级，在坚持生态保护的前提下，发展适合的产业，实现科学发展、有序发展、高质量发展。通过上述三个层层递进的逻辑关系，习近平总书记通过两次座谈会把保护与发展的关系内涵说透了，长江经济带抓大保护，不是不搞发展，但是不能违反生态这个底线和红线，要实现绿色发展、高质量发展。

文丰安：在重庆召开推动长江经济带发展座谈会之后，人们对长江经济带发展仍存在着一些认识误区，同时也有一些对长江经济带未来发展具有重大作用的挑战和事项没有交代清楚。针对这些问题，习近平总书记在武汉召开的深入推动长江经济带发展座谈会上，明确提出推动长江经济带发展需要正确把握五个关系。提出正确把握五个关系，是基于对长江经济带高质量发展时代内涵深刻理解基础之上的。

罗来军：就正确把握整体推进和重点突破的关系而言，要坚持重点突破，在整体推进的基础上抓主要矛盾和矛盾的主要方面，努力做到全局和局部相配套、治本和治标相结合、渐进和突破相衔接，实现整体推进和重点突破相统一。经济建设的前提是有限的资源，要将有限的资源分配到长江经济带发展的系统性建设之中，分配到需要重点突破的事项之中，处理好二者之间的关系，这样整体效率才能达到最大化。

就正确把握生态环境保护和经济发展的关系而言，习近平总书记之所以强调这个关系，是因为他在重庆召开推动长江经济带发展座谈会上提出“共抓大保护，不搞大开发”之后，人们对要不要开发和发展以及如何开发和发展仍存在着迷惑甚至疑虑。这个关系的明确提出，解决了人们的迷惑和疑虑。习近平总书记指出，生态环境保护和经济发展不是矛盾对立的关系，而是辩证统一的关系。生态环境保护的成败归根结底取决于经济结构和经济发展方式。要坚持在发展中保护、在保护中发展，不能把生态环境保护和经济发展割裂开来，更不能对立起来。通过这个关系进一步强调，要保护生态环境，不破坏生态环境的发展都可以推进。

就正确把握总体谋划和久久为功的关系而言，推动长江经济带发展是一个系统工程，不可能毕其功于一役；要做好顶层设计，以钉钉子精神，脚踏实地抓成效。通过这个关系进一步强调，我们既要做好顶层设计和科学决策，最大限度地形成最优方案，又要脚踏实地地做好每一件事情，把决策和方案贯彻落实好。

就正确把握破除旧动能和培育新动能的关系而言，要以壮士断腕、刮骨疗伤的决心，积极稳妥腾退化解旧动能，破除无效供给，彻底摒弃以投资和要素投入为主导的老路，为新动能发展创造条件、留出空间，实现腾笼换鸟、凤凰涅槃。通过这个关系进一步强调，破除高污染、高消耗、高排放的传统产业和企业并非易事，需要我们下大决心做减法，而且不能顾虑所带来的经济增长速度的放慢；同时，大力发展和培育没有污染以及污染程度低且容易防控的产业和企业。

就正确把握自身发展和协同发展的关系而言，长江经济带作为流域经济，涉及水、路、港、岸、产、城等多个方面，要运用系统论的方法，正确把握自身发展和协同发展的关系；长江经济带的各个地区、每个城市在各自发展过程中一定要从整体出发，树立“一盘棋”思想，实现错位发展、协调发展、有机融合，形成整体合力。习近平总书记在重庆召开的推动长江经济带发展座谈会提出了“一盘棋”的问题，而在武汉召开的深入推动长江经济带发展座谈会再次提出了“一盘棋”思想。

长江经济带高质量发展面临的主要挑战

文丰安：长江经济带发展战略实施以来，长江经济带11省市围绕长江生态环境保护、综合立体交通走廊建设、创新驱动产业转型升级、新型城镇化建设、全方位开放格局构建、区域协调发展体制机制等方面开展了卓有成效的工作。与此同时，也还面临着一些现实挑战和问题。这些挑战和问题直接影响和制约着长江经济带的高质量发展。

罗来军：确实如此。我认为，长江经济带高质量发展面临的挑战主要体现在思想认识、管理体制机制、科学技术和政策制定四个方面。从思想认识来看，人们习惯于以经济发展指标来看待和衡量一个地方的建设，长江经济带强调加大生态环境保护工作，可能会对经济发展的速度和规模产生一定影响。如果我们仍然看重 GDP 的增长，很多资源就难以真正地投入到生态建设和环境保护之中。一些地方官员对生态建设和绿色发展的执行存在一些顾虑，他们认为，把较多的资源投入生态建设和绿色发展之中，至少短期内会拉低经济增长速度，这样可能妨碍对其政绩的评价，因为经济增长是可见程度很高的政绩指标，而生态改善与绿色发展的成效可直接衡量的程度较低，因生态建设和绿色发展而降低了经济增长，很有可能被认为政绩不好。因为有这种顾虑，一些地方官员在讲话中高度重视和强调生态建设、绿色发展，但在实际落实过程中，仍把主要资源集中于经济增长，甚至为了经济增长继续以牺牲环境为代价。

应对这一挑战的关键是，要对各个地方政府的工作实施差异化的考核指标，适宜生态建设的地区要确立生态至上的考核标准。有些地方适合发展高水平的产出经济，则可以积极推进产业效率高的经济体系；而有些地方生态环境非常重要，发展任何产业和企业，都容易破坏生态环境和自然资源，那么，这样的地方则不适宜发展以产出为衡量标准的经济体系，而是应该大力进行生态建设，对其生态建设水平进行考核。对于后者，如果其经济发展不错，而生态环境遭受了破坏，国家不但不应该认可和表扬，还要对其进行教育与处罚。

文丰安：长江经济带涉及11个省市，各省份的发展水平和资源禀赋也有较大的差异。一些地方基于自身的利益，圈地盘、抢资源，无序低效竞争、产业同构的问题突出。这些问题可归结为管理体制机制的问题。这也是长江经济带高质量发展面临的主要挑战之一。

罗来军：理顺目前的管理体制，构建科学高效的治理机制，并不是一件容易的事。习近平总书记在重庆召开推动长江经济带发展座谈会上指出，推动长江经济带发展必须建立统筹协调、规划引领、市场运作的领导体制和工作机制。推动长江经济带发展，要使市场在资源配置中起决定性作用，更好发挥政府作用。沿江省市要加快政府职能转变，提高公共服务水平，创造良好市场环境。在武汉召开的深入推动长江经济带发展座谈会上，习近平总书记为长江经济带发展提出“一盘棋”思想，要求长江经济带的各个地区、各个城市在各自发展过程中一定要从整体出发，树立“一盘棋”思想，实现错位发展、协调发展、有机融合，形成整体合力。习近平总书记在两次座谈会上都强调了管理体制机制的问题，这是因为长江经济带构建起统一有效的管理体制机制具有较大的难度，而统一有效的管理体制机制又是实现长江经济带高质量发展的重要保障。

在这里需特别说明的是，在管理体制机制的构建和完善上，我们不能低估社会机制对于长江经济带发展的重大作用。要积极鼓励社会机制发挥作用，通过社会机制充分挖掘各个方面的合作意愿、潜力与能动性。比如宜宾市在推进“长江经济带发展合作联盟”，这有助于促进长江经济带政、商、学等领域之间的对话、交流与合作，多渠道、多层次、多方位地推动协同融合和互动合作。

文丰安：无论是生态建设、环境保护，还是绿色发展，对科学技术的要求都是比较高的。长江经济带高质量发展，还面临着科学技术上的挑战。

罗来军：我同意您的观点。假如我们有了正确的思想认知，也有了优良的管理体制机制，但还不能保证我们就能够做好生态建设和绿色发展工作，因为我们还可能面临技术上的挑战。技术是经济竞争力的内核，是竞争优势的根源。低碳技术、植被培育技术、绿色加工制造技术等，在长江经济带的生态建设和绿色发展中具有重要作用，决定着生态环境的建设水平和与之相适应的经济发展水平。

就当前情况而言，在技术的研发与应用方面，存在着较为明显的障碍。首先，技术研发投资大、风险大、投资回报周期长，很多产业企业追求短平快的投资收益，不愿意真实投资于技术研发。其次，由于知识产权保护还存在着不足与漏洞，研发出来的技术成果往往被低成本地模仿，致使技术投资的收益无法保障，甚至难以收回投资成本，这削弱了产业企业进行技术研发与创新的动力。最后，不稳定的政策环境扭曲了不同经济活动之间的投资收益关系，诱发资金抽离技术投资去追逐热钱快钱。比如产业企业资金投资于房地产、股市等领域，回收快、收益高，而且通常能够“跑赢”通货膨胀。

文丰安：长江经济带沿线区域差异较大，生态环境复杂，推进长江经济带高质量发展对政策制定和完善提出了非常高的要求。

罗来军：考虑到长江经济带沿线区域差异较大，生态环境复杂，因此不能对长江经济带整个区域实行“一刀切”的发展模式和考核标准，而应依据不同地方的资源禀赋、比较优势、战略突破条件等方面的差异，并结合其在国家重大战略中的角色，实施差异化的发展模式和考核标准。

差异化的发展模式和考核标准，总体上可以划分为四大类：对于仅仅适宜生态建设的地区，其经济发展的速度和规模都应该降下来，甚至进行发展转型，不再搞经济开发；对于低效率、低技术、低竞争力，高污染、高消耗、高排放的“三低三高”型产业和企业多的地区，需要大力破除旧动能；对于有条件发展绿色产业和服务业的地区，则需要大力培育新动能，以此促进经济发展的速度和规模；经过一定时期的培育和积累，形成高水平、高质量的现代化经济体系；有的地区适合进行高水平的生态建设，适合基于生态资源发展高水平的绿色产业、生态产业，这样的地区应同时推进生态建设和绿色发展，实现高水平的生态与发展相融共进的发展格局。对于每一个具体的地方，制定最适宜的政策，本身具有很大的挑战性，同时，还需面对和克服地方保护主义、战略资源争夺等负面因素的不利影响。

长江经济带高质量发展的战略选择

文丰安：推动长江经济带高质量发展，是一项长远而艰巨的工作，也是一件惠及长远的战略任务。应按照习近平总书记关于长江经济带发展的相关要求，正确把握整体推进和重点突破、生态环境保护和经济发展、总体谋划和久久为功、破除旧动能和培育新动能、自身发展和协同发展等关系，强化体制机制，调动多方力量，激发内生动力。

罗来军：长江经济带推进和实现高质量发展，必须着眼于长效机制建设，在发展方向、管理体制机制、经济模式、生态建设等方面下功夫。首先，要确定长江经济带发展方向。习近平总书记两年多前在重庆市召开推动长江经济带发展座谈会上提出“共抓大保护，不搞大开发”“生态优先、绿色发展”等重要主张，但是，人们对长江经济带发展战略仍存在一些片面认识，生态环境形势依然严峻。为此，习近平总书记在今年的深入推动长江经济带发展座谈会上进一步强调了“共抓大保护，不搞大开发”“生态优先、绿色发展”的重大意义和实施决心，通过“立规矩”“下禁令”强调决不能搞破坏性开发。把习近平总书记在重庆和武汉两次座谈会上的重要讲话精神结合在一起，我们从中可以得出推动长江经济带发展的清晰思路，大体可概括为四个层次：一是保护、修复和建设长江生态；二是在生态优先的前提下谋划绿色发展，即发展不能破坏和干扰生态环境；三是一些发展反过来又能够促进生态建设；四是生态建设和绿色发展倒逼产业转型升级，否则予以淘汰或搬迁。四个层次的定位能够把生态与发展、绿色与繁荣协调、统一起来。无论是政策思路梳理，还是实际措施推行，按照上述四个层次，就能够很好地贯彻中央关于长江经济带发展的相关政策。

文丰安：推动长江经济带高质量发展，必须构建推动长江经济带发展的科学管理体制和机制，突破利益固化的藩篱，从整体出发，把自身发展放到协同发展的大局之中，实现错位发展、协调发展、有机融合，形成整体合力。

罗来军：在各地积极追求经济发展的情况下，无论是生态保护、修复和建设，还是绿色发展，都不是容易的事。在短期内，资源与精力投入生态保护、修复和建设以及绿色发展之中，可能会拖累 GDP 增长，这导致一些地方不愿意在大保护上下功夫。与此同时，长江经济带覆盖 11 个省市，生态保护和绿色发展也容易陷入“九龙治水”的困境。为了规避上述问题，就需要我国进一步加强组织保障，可在推动长江经济带发展领导小组下依托生态环境部、水利部、自然资源部设立长江经济带绿色发展协调委员会，将长江经济带的生态保护与发展工作在多地区、多部门之间进行统筹协调、综合决策。该委员会以生态环境部、水利部、自然资源部为考核主体，11 省市为责任主体，建立协调联动机制，实行跨区域联合执法。

在管理体制机制的构建过程中，要特别注重建立长江经济带特有的激励处罚机制。落实长江经济带发展定位，建设成为国家生态建设、绿色发展示范区，实现高质量发展，需要有相应的激励机制和处罚机制。一方面，在重要的生态地区设立生态至上的政府考核标准。如果不改变经济增长“挂帅”的思想观念和考核标准，是难以引导地方政府把更多的资源和精力投入生态建设上的。另一方面，建立生态环境损害赔偿制度。改革和完善生态环境管理，最直接、最有效的举措就是建立明确的、具体的损害赔偿制度和处罚机制，无论是谁破坏了生态环境，都逃脱不了相应的处罚。而且，处罚力度要足够大，这样才能够制止污染行为的发生。需要加强排污监测、水质监测、生态建设监测等，在监测的基础上推进奖励或处罚措施的落地。

文丰安：推动长江经济带高质量发展，必须选择科学且适合长江经济带发展实际的发展模式。习近平总书记指出，要努力把长江经济带建设成为生态更优美、交通更顺畅、经济更协调、市场更统一、机制更科学的黄金经济带，这为长江经济带发展模式的选择明确了基调和方向。

罗来军：我认为，长江经济带选择合适的发展模式，要重点做好以下三方面的工作：

一是推动传统工业转型升级或者搬迁改造。一方面，提升现有矿产开采、资源利用、加工制造的技术水平和质量标准。长江经济带自然资源丰富，但产业效率并不高。在今后的发展中，应该对技术落后、效率低下、缺乏市场竞争力的产业企业进行兼并重组或者关闭淘汰，对有发展前景的产业企业加大技术改造力度，实现产业转型升级。另一方面，对污染型的传统工业进行创新改造，实现转型升级，使其达到环保标准；对于难以进行技术改造的企业，要予以整治与搬迁，关闭或转移污染源。

二是大力发展绿色产业、生态产业。发挥长江经济带固有的生态优势和资源优势，大力发展无污染、轻度污染但容易防控的环保型产业。比如，习近平总书记今年2月在考察四川时指出，四川是产竹大省，要因地制宜发展竹产业，发挥好蜀南竹海等优势，让竹林成为四川美丽乡村的一道风景线。根据习近平总书记的考察讲话精神，宜宾市大力挖掘蜀南竹海的优势和潜力，积极规划竹产业，在绿色产业上下功夫。这一思路既能促进经济上的产业发展，又能培育环境上的生态资源。

三是挖掘开放优势，发展清洁经济。长江经济带由西向东横贯中国，可以享有沿海开放与内陆开放两种开放优势。借助“一带一路”的“21世纪海上丝绸之路”加强沿海开放，借助“丝绸之路经济带”挖掘内陆开放优势，实现“一带一路”建设与长江经济带发展互推共进。其中内陆开放优势有更多的潜力需要挖掘，比如武汉、重庆、宜宾等沿江城市均需在建设内陆开放高地上做好文章，积极探索自贸试验区、开放口岸、保税港区、综合保税区、自由贸易港等方面的建设。

文丰安：生态环境保护是长江经济带发展的首要任务。“生态优先、绿色发展”是长江经济带发展的核心理念，修复长江生态环境也被中央置于压倒性位置，这就要求长江经济带11省市抓好生态环境保护和治理工作。您认为，做好这一工作，应该从哪些方面着手呢？

罗来军：我认为，当前要从以下三方面着手：

一是采取切实措施开展生态建设。制止对森林树木的不科学砍伐，加强林木培育与种植；禁止围湖造田、填湖造陆致使湿地面积减少的做法，加强湿地保护；加强长江生物栖息地保护和建设，遏制生物多样性减少趋势；对地震、滑坡、泥石流等自然灾害做好防护措施，杜绝人为因素，控制水土流失。

二是规划建设长江上游生态屏障国家公园。一个国家在具备条件的地方建设国家公园意义重大，国家公园已经成为一项具有世界性和全人类性的自然文化保护运动。世界上各种类型的国家公园一般都具有三个特征：其一，自然状况具有天然性和原始性；其二，景观资源具有珍稀性和独特性；其三，在保护生态的前提下繁荣地方经济。长江上游地区和与之相关联的乌蒙山集中连片特困区合在一起，具备了国家公园上述三个特征，应瞄准国家公园进行建设和规划。长江上游地区素有绿色生态屏障之称，具有特殊的生态环境功能。而乌蒙山集中连片特困区是国家新一轮扶贫开发攻坚战的主战场之一，其地理区位与长江上游地区交织在一起，其发展模式必然是生态保护和建设下的绿色发展。将二者结合起来，有助于系统性共建长江上游生态屏障国家公园。

三是加大沿江的环境维护与治理工作。长江漂浮垃圾成灾的一个重要原因是，长江沿线垃圾能够较随意地投入江中，缺乏管理和监管。为避免类似的情况发生，长江沿线应该大力加强和推行河长制，要求各级河长切实担负起相应江段的管理和保护工作，包括水资源保护、水域岸线管理、水污染防治、水环境治理、固体垃圾管理等内容。

文丰安：请您展望下长江经济带高质量发展的前景。

罗来军：通过长江经济带高质量发展的长效机制建设，实现生态和发展互济共融、齐头并进，在建设“生态长江”“绿色长江”“安全长江”的基调下，建设“科学开发、绿色发展、可持续增长的长江”，合力把长江经济带建成生态更优美、交通更发达、经济更健康、市场更统一、区域更协调、开放更广阔、机制更科学的黄金经济带。

第五章

《长江宣言》的时代价值

高端智库的重大使命：服务于国家战略。

这既包括国家战略的形成，亦包括国家战略的实施。

论坛价值的发掘

人大长江院对论坛的作用做了深入研究与发掘，发现论坛的价值能够通过对论坛的创新性使用而得到更大的发挥。长江院在论坛举办之后，通常再推进两项工作：一是对专家的重要观点和政策建议，形成论坛的专题内参，向有关领导和部门进行报送，发掘论坛的咨政作用；二是对专家适合宣传的重要观点和政策建议，形成媒体文章，以专题文章的方式进行发表，发掘论坛的社会影响力。该章所讲述的论坛，还有一项重大功能，即对重大国家战略的贯彻实施，针对现实中存在的问题，形成简洁有力的宣言，进行主张发布和行动呼吁。

长江院在开展各种业务时，始终不忘服务于国家战略的智库使命。本章以举办论坛为例，阐释长江院对服务于国家战略的一些做法。众所周知，长江经济带覆盖上海、江苏、浙江、安徽、江西、湖北、湖南、重庆、四川、云南、贵州 11 省市，面积约 205 万平方千米，人口和生产总值均超过全国的 40%。推动长江经济带发展是党中央作出的重大决策，是关系国家发展全局的重大战略。2014 年 9 月，国务院印发《关于依托黄金水道推动长江经济带发展的指导意见》，部署将长江经济带建设成为具有全球影响力的内河经济带、东中西互动合作的协调发展带、沿海沿江沿边全面推进的对内对外开放带和生态文明建设的先行示范带。2014 年 12 月，中央经济工作会议，明确将“长江经济带”列为新时期优化我国经济发展空间格局的“三大支撑带战略”之一。2016 年 9 月，《长江经济带发展规划纲要》正式印发，确立了长江经济带“一轴、两翼、三极、多点”的发展新格局。2017 年 2 月，国务院颁布的《全国国土规划纲要（2016—2030 年）》再次明确长江经济带发展肩负谋划我国区域发展新格局、拓展区域发展新空间的重大历史使命。

为了更好地理解领会和贯彻落实长江经济带这一重大国家战略，长江院策划组织了长江经济带系列论坛，每年都要围绕不同的主题推进论坛的举办与研讨。2017 年 12 月 19 日，长江经济带论坛成功举办，由人大国发院、宜宾市人民政府联合主办，宜宾市委宣传部、长江院承办；2018 年 10 月 14 日，以宜宾市贯彻落实习近平新时代中国特色社会主义思想高端对话的方式举办论坛，以“绿色发展 协同开放”为主题，对接与融入长江经济带发展战略与“一带一路”倡议。该高端对话由人大、中共宜宾市委、宜宾市人民政府联合主办，长江院承办。每次论坛的举办，我们都注重邀请专家的层次性、代表性和多样性，曾邀请了副部级、副局级领导和专家、知名大学和研究机构的（副）校长和（副）院长以及教授名家、有影响力的企业事业机构的专家。

专家有话说

长江院在开展各种业务时，始终不忘记服务于国家战略的智库使命。以举办论坛为例，长江院对论坛的价值进行开拓性发掘，发挥更多作用。在论坛举办之后，通常再推进两项工作：一是对专家的重要观点和政策建议，形成论坛的专题内参，向有关领导和部门进行报送，发掘论坛的咨政作用；二是对专家适合宣传的重要观点和政策建议，形成媒体文章进行发表，发掘论坛的社会影响力。此外，论坛还发表了《长江宣言》，对重大国家战略的贯彻实施形成行动呼吁。

《长江宣言》的发表

2016 年与 2018 年，习近平总书记两次视察长江并召开推动长江经济带发展座谈会，对长江经济带发展提出重要指示。为深入研讨和贯彻落实习近平总书记的重要指示，2018 年 10 月 14 日，宜宾市贯彻落实习近平新时代中国特色社会主义思想高端对话隆重举行。本次高端对话以“绿色发展　协同开放”为主题，来自不同领域的专家学者从多视角、多维度切入，深入沟通交流，达成普遍共识，发表了《长江宣言》。本次高端对话是长江沿线城市贯彻落实习近平新时代中国特色社会主义思想、推进长江经济带高质量发展的又一盛会。

下面是《长江宣言》全文。

长江宣言——绿色发展　协同开放

2018年4月26日，习近平总书记在深入推动长江经济带发展座谈会上强调，要正确把握长江经济带发展的五个关系，坚持共抓大保护、不搞大开发，以长江经济带发展推动经济高质量发展。为深入贯彻落实习近平总书记关于推动长江经济带发展的重要指示，2018年10月13日至14日，中国人民大学长江经济带研究院组织有关专家、学者，相聚在长江首城——宜宾，隆重举行贯彻落实习近平新时代中国特色社会主义思想高端对话，深入探讨共同推动长江经济带协同发展的战略举措，达成普遍共识，共同发表以“绿色发展　协同开放”为主题的《长江宣言》。

让我们共同铭记，长江经济带在中华民族发展史上的重要地位和突出贡献。长江是中华民族的母亲河，它自西向东横贯我国中部，战略地位十分重要。长江经济带幅员辽阔，是我国经济发展的重要命脉，同时更是生态文明建设的“绿色脊梁”。推动长江经济带发展是党中央作出的重大决策，是关系国家发展全局的重大战略。近年来，在党中央的坚强领导下，在沿线各省市的共同努力下，长江经济带发展取得了辉煌成就。2017年，110个沿线城市实现国内生产总值36.8万亿元，占全国的44.5%，生态建设相关指标远高于全国平均水平，为长江经济带发展担当了职责使命、作出了重要贡献。

让我们共同应对，长江经济带发展面临的突出问题和困难挑战。产业发展的同质化竞争，导致低水平重复建设和资源浪费，资源配置有待优化；生态系统退化明显，环境污染形势严峻；生态环境协同保护机制亟待建立健全，生态补偿机制和长江保护法治进程需要加快；流域发展不平衡不协调，区域协调合作亟待加强。这些困难挑战，急需沿线城市主动作为、担当奋进、创新举措、务实破解。

让我们共同展望，长江经济带发展赢得的时代机遇和光明前景。20世纪80年代，中央提出沿海一线、长江一轴的“一线一轴”战略构想。2014年，中央明确将“长江经济带”与“一带一路”、京津冀协同发展列为新时期优化我国经济发展空间格局的三大战略。2017年，国务院颁布《全国国土规划纲要（2016—2030年）》，再次明确长江经济带发展肩负谋划我国区域发展新格局、拓展区域发展新空间的重大历史使命。长江经济带沿线城市应紧紧抓住大有可为的历史机遇期，努力把长江经济带建设成为生态更优美、交通更顺畅、经济更协调、市场更统一、机制更完善的黄金经济带。

让我们共同倡议，长江经济带发展要始终坚持生态优先和绿色发展。长江经济带沿线城市务必坚决响应习近平总书记的号召，牢记“绿水青山就是金山银山”，自觉把修复长江生态环境摆在压倒性位置，共抓大保护、不搞大开发，探索协同推进生态优先和绿色发展新路子，守住长江生态环保这条底线；务必坚持一张蓝图绘到底，以“功成不必在我”的境界、“功成必定有我”的担当，努力实现经济、社会与环境间的相互协调；务必广泛动员全社会共同努力，积极参与保卫和建设母亲河这一伟大行动，为子孙后代留下一条清洁美丽的万里长江。

让我们共同行动，推动长江经济带沿线城市协同发展和开放合作。长江经济带沿线城市是一衣带水的好兄弟、同舟共济的好朋友、休戚与共的好伙伴。我们呼吁，长江经济带沿线城市要始终坚持绿色发展、协同开放，在更大范围、更高层次上深化合作，加快形成陆海内外联动、东西双向互济的开放格局。一是致力于推动设施共建。共同加快构建现代综合交通运输体系，形成战略性综合交通走廊和对外经济走廊，加强能源、通信等建设合作，构建全方位、多层次的互联互通网络，提高经济运行质量和效益。二是致力于推动平台共创。在申报自由贸易区、综合保税区、开放口岸等领域深化合作，探索建立飞地产业园区，共同举办各类投资促进活动，不断提升发展平台承载能力。三是致力于推动政策共商。加强经济发展战略决策的对接交流，共同制定推进区域合作的规划和措施，构建多层次宏观政策协调机制，为务实合作提供政策支持。四是致力于推动贸易共赢。在充分照顾各方利益基础上寻求和深化贸易合作，充分挖掘彼此贸易合作潜力和新增长点，积极拓展相互投资领域，推动新兴产业合作，实现优势互补、发展共赢。五是致力于推动金融共生。积极深化金融合作，共同争取国家关于长江经济带发展的各类建设基金和政策性贷款，大力引导商业性股权投资基金和社会资本，为长江经济带重点项目建设提供资金支持。六是致力于推动人文共通。在文化、教育、卫生、扶贫、体育、旅游等领域深化合作，广泛开展文化交流、学术往来、干部互派等活动，为沿线城市的高质量发展打牢民意基础和社会基础。

善待长江，是我们共同的态度；珍惜长江，是我们共同的心愿；保护长江，是我们共同的责任；发展长江，是我们共同的使命！让我们共同携起手来，不懈努力，接续奋斗，让母亲河永葆青春活力，构筑中华民族生生不息、永续发展的重要支撑！

撰写《长江宣言》格外注意了什么

我们在撰写《长江宣言》时格外注意了长江经济带当前阶段所面临的困难、挑战、问题以及如何推进务实行动。2018 年，习近平总书记在深入推动长江经济带发展座谈会上的讲话客观、清晰、精准地指出了长江经济带当前阶段所面临的困难、挑战与问题，他指出，在肯定成绩的同时，我们也要清醒看到面临的困难挑战和突出问题。主要为以下五个方面：

一是对长江经济带发展战略仍存在一些片面认识。两年多来，各级领导干部思想认识不断深化，但也有部分同志的认识不全面、不深入。有的认为共抓大保护、不搞大开发就是不发展了，没有辩证看待经济发展和生态环境保护的关系。有的仍然受先污染后治理、先破坏后修复的旧观念影响，认为在追赶发展阶段“环境代价还是得付”，对共抓大保护重要性认识不足。有的环境治理和修复项目推进进度偏慢、办法不多，甚至以缺少资金、治理难度大等理由拖延搪塞。这反映出一些同志在生态环境保护问题上主动性不足、创造性不够，思想上的结还没有真正解开。

二是生态环境形势依然严峻。流域生态功能退化依然严重，长江“双肾”洞庭湖、鄱阳湖频频干旱见底，接近30%的重要湖库仍处于富营养化状态，长江生物完整性指数到了最差的“无鱼”等级。沿江产业发展惯性较大，污染物排放基数大，废水、化学需氧量、氨氮排放量分别占全国的43%、37%、43%。长江岸线、港口乱占滥用、占而不用、多占少用、粗放利用的问题仍然突出。流域环境风险隐患突出，长江经济带内30%的环境风险企业位于饮用水源地周边5千米范围内，生产储运区交替分布。干线港口危险化学品年吞吐量达1.7亿吨、超过250种，运输量仍以年均近10%的速度增长。同时，出现了一些新问题，比如固体危废品跨区域违法倾倒呈多发态势，污染产业向中上游转移风险隐患加剧等。

三是生态环境协同保护体制机制亟待建立健全。统分结合、整体联动的工作机制尚不健全，生态环境保护制度尚不完善，市场化、多元化的生态补偿机制建设进展缓慢，生态环境硬约束机制尚未建立，长江保护法治进程滞后。生态环境协同治理较弱，难以有效适应全流域完整性管理的要求。

四是流域发展不平衡、不协调问题突出。长江经济带横跨我国东中西部，地区发展条件差异大，基础设施、公共服务和人民生活水平的差距较大。三峡库区、中部蓄滞洪区和7个集中连片特困地区脱贫攻坚任务还很繁重。区域合作虚多实少，城市群缺乏协同，带动力不足。

五是有关方面主观能动性有待提高。中央专项安排长江经济带生态环境保护的资金规模不大，有关部门涉及长江经济带生态环境保护资金安排的统筹程度不强、整体效率不高。地方投资力度和积极性欠缺，政策性和开发性金融机构的支持力度不够。企业和社会资本参与度不高。干部队伍配备不足，宣传教育不到位，人才培养和交流力度也不足。

对于所面临困难、挑战与问题的解决与克服，关键在于行动，关键在于弯下腰实干。为此，《长江宣言》特地提出六大共同行动：设施共建、平台共创、政策共商、贸易共赢、金融共生、人文共通。通过《长江宣言》的六大共同行动，呼吁长江沿线110个城市，为共建长江经济带而行动起来。

专家有话说

《长江宣言》格外注意了长江经济带当前阶段所面临的

困难、挑战与问题以及如何推进务实行动，指出对于所面临的困难、挑战与问题的解决与克服，关键在于行动，关键在于弯下腰实干。为此，《长江宣言》特地提出六大共同行动：设施共建、平台共创、政策共商、贸易共赢、金融共生、人文共通。《长江宣言》通过六大共同行动，呼吁长江沿线110个城市，为共建长江经济带而行动起来。

《长江宣言》的多维反响

在“宜宾市贯彻落实习近平新时代中国特色社会主义思想高端对话”的活动结束之后，长江院把反映该次高端对话重要成果的《长江宣言》和专家观点整理为高端对话《专题内参》，报送给中央及相关部委、长江经济带11省（市）、长江沿线110个城市有关领导和部门，《长江宣言》和专家观点得到了广泛的传播，也获得了广泛的反响与认可。一些省市的领导和部门看到《专题内参》后，反应很积极，有的提出希望长江院今后把内参、政策研究成果等都邮寄过去以供参阅；有的提出希望长江院的领导和专家能够抽时间到当地进行考察调研；有的提出希望长江院院长做当地发展规划顾问；有的提出希望能够与长江院建立智库建设、咨政服务、规划设计等方面的长期合作关系；有的提出希望在当地设立长江院分院……

我作为长江院的负责人，到长江经济带一些地方参加活动或者进行调研时，当地人员常常会提起《长江宣言》，指出《长江宣言》对长江经济带的发展以及长江沿线 110 个城市的建设提出了很好的想法、呼吁和倡导，也进一步表达出希望《长江宣言》能够更大程度地实施和执行的愿望。

《长江宣言》的生命周期

在这里回答一个问题：《长江宣言》什么时候过时？

为了更好地回答这个问题，需要梳理一下长江经济带的关键信息。

2014 年，中央经济工作会议明确将“长江经济带”列为新时期优化我国经济发展空间格局的“三大支撑带战略”之一，这表明长江经济带与“一带一路”“京津冀协同发展”具有同等重要的战略地位。

2016 年，在重庆召开的推动长江经济带发展座谈会上，习近平总书记提出了长江经济带高质量发展的核心关键词：“生态优先、绿色发展”“共抓大保护、不搞大开发”“一盘棋”。

2018 年，在武汉召开的深入推动长江经济带发展座谈会上，习总书记对“共抓大保护、不搞大开发”“生态优先、绿色发展”等核心要义作了进一步的强调和指示，更明确也更严格地强调了长江经济带发展的红线与底线问题。第一，习总书记指明生态环境保护和经济发展的正确关系，即长江经济带建设要共抓大保护、不搞大开发，不是说不要大的发展；第二，为长江经济带发展立规矩、下禁令，即要首先立个规矩，把长江生态修复放在首位，保护好中华民族的母亲河，不能搞破坏性开发；第三，通过立规矩，倒逼产业转型升级，在坚持生态保护的前提下，发展适合的产业，实现科学发展、有序发展、高质量发展。

《长江宣言》对长江经济带高质量发展的核心要义（“生态优先、绿色发展”“共抓大保护、不搞大开发”“一盘棋”思想和行动等）的倡议与呼吁以及践行核心要义的六大共同行动，凝聚成一个共同的指向：要通过长江经济带高质量发展的长效机制建设，实现生态和发展互济共融、齐头并进，在建设“生态长江”“绿色长江”“安全长江”的基调下，建设“科学开发、绿色发展、可持续增长的长江”，合力把长江经济带建成生态更优美、交通更发达、经济更健康、市场更统一、区域更协调、开放更广阔、机制更科学的黄金经济带。因此无论是在长江经济带建设的进程之中，还是在建设完成之后的继续发展、持续提升时期，对生态建设、绿色发展、合力行动进行倡议与呼吁的《长江宣言》都会有其生命的色彩，都不会过时。

高端对话的重要专家观点

2018 年 10 月 14 日的“宜宾市贯彻落实习近平新时代中国特色社会主义思想高端对话”除了发表了《长江宣言》之外，著名专家的演讲观点也具有重大参考价值。下面选取 3 位专家的重要观点，分别为中国农业科学院党组书记张合成、四川省社会科学院党委书记李后强、国务院发展研究中心发展战略和区域经济研究部部长侯永志 3 位专家演讲的基本内容。

把长江经济带打造成农业农村绿色发展的先行区、乡村振兴的示范带

张合成　中国农业科学院党组书记

一、深刻理解习近平总书记关于绿色发展是农业农村发展观的一场深刻革命的重要思想

党的十九大报告指出："必须坚持节约优先、保护优先、自然恢复为主的方针，形成节约资源和保护环境的空间格局、产业结构、生产方式、生活方式，还自然以宁静、和谐、美丽。"习近平总书记于2016年1月5日在重庆召开的推动长江经济带发展座谈会上指出，长江是中华民族的母亲河，也是中华民族发展的重要支撑；推动长江经济带发展必须从中华民族长远利益考虑，把修复长江生态环境摆在压倒性位置，共抓大保护、不搞大开发。今年4月，习近平总书记又亲自到长江经济带各地调研视察，并再次召开座谈会，研究部署和推进落实长江经济带发展战略。习近平总书记提出，深入推动长江经济带发展需要正确把握五大关系：一是整体推进和重点突破的关系；二是生态环境保护和经济发展的关系；三是总体谋划和久久为功的关系；四是破除旧动能和培育新动能的关系；五是自身发展和协同发展的关系。习近平总书记提出了三方面要求：一是深刻理解和把握共抓大保护、不搞大开发和生态优先、绿色发展的内涵和关系；二是积极探索推广绿水青山转化为金山

银山的路径；三是深入实施乡村振兴战略，打赢脱贫攻坚战。

2017 年 7 月，习近平总书记在中央深化改革领导小组会议审议绿色发展指导意见时指出，推进农业绿色发展是农业农村发展观的一场深刻革命。我们理解，推进农业绿色发展不仅是一场关乎农业结构和生产方式调整的经济变革，也是一次行为模式、消费模式的绿色革命。我们要深刻理解推进农业绿色发展的革命性意义，当务之急就是要强化长江流域水生生物多样性保护，严格控制农业面源污染，推进投入品减量化、生产清洁化、废弃物资源化、产业模式生态化，加快补齐农业农村生态环境保护“短板”。同时，保护好、发挥好长江经济带农村生态资源丰富的优势，通过体制机制创新和政策推动，吸引资本、技术、人才等要素向乡村流动，大力推进质量变革、效率变革、动力变革，促进长江经济带乡村产业高质量发展，带动农民群众增收致富，推进贫困县乡村脱贫攻坚，推进生态宜居美丽乡村建设，把绿水青山变成金山银山，实现生态美、百姓富的有机统一，为实现乡村振兴奠定坚实基础。

二、把长江经济带建设成为农业农村绿色发展的先行区

长江经济带是我国经济社会发展的中心所在、活力所在，长江沿线 11 个省市国土面积占全国的 21%，人口和地区生产总值都占到全国的 40% 以上。从农业农村来看，长江经济带是我国最重要的农业生产区和农村聚集区，耕地面积 5.2 亿亩、占全国的近 30%，草原面积近 10 亿亩、约占全国草原面积的

1/6，农林牧渔生产总值近4万亿元、约占全国的40%。是我国最重要的粮油、生猪、水产品等大宗农产品生产基地，其中6个省为全国粮食主产区。经济带内大部分区域水土资源匹配度高，生物多样性丰富，农田水利基础设施较好，农业产业化、组织化、集约化水平较高，发展现代农业、乡村特色产业的基础好、潜力大。广大农村地区基础设施和公共服务水平尽管差异还比较大，但总体水平较高，特别是近年来各省市扎实推进基本公共服务均等化和基础设施建设互联互通，农村生产生活条件明显改善。与此同时，长江干支流沿线大中城市密集，城镇集群发展特征明显，对广大农村地区的辐射带动能力较强。这些优势和条件，为长江经济带农业农村绿色发展奠定了良好基础。

为全面贯彻习近平总书记重要讲话精神，推进长江经济带农业农村绿色发展，根据《长江经济带发展规划纲要》和《创新体制机制推动农业农村绿色发展的意见》，农业农村部专门研究印发了支持长江经济带农业农村绿色发展的实施意见，突出抓好三方面工作：一是着力强化长江流域水生生物多样性保护。在重点水域开展禁捕试点，其中今年实现水生生物保护区禁捕，到2020年实现长江干流及重要支流全面禁捕。加快实施中华鲟、长江鲟、长江江豚等长江珍稀水生生物拯救行动计划。加强重要鱼类生境保护和修复。建立健全增殖放流管理机制。加强水生生物资源与生态环境监测评价。二是深入推进化肥农药减量增效。实施化肥农药使用量负增长行动，支持长江经济带开展化肥减量增效示范、病虫害统防统治与绿色防控融合示范、稻田综合种养示范和果菜茶病虫全程绿色防控试点，集中打造一批有机肥替代化肥、绿色优质农产品生产基地（园区）。三是促进农业废弃物资源化利用。合理调整和优化长江经济带畜禽养殖布局，支持畜牧大县整县推进粪污资源化利用，开展畜牧业绿色发展示范县创建。推进农作物秸秆和农膜废弃物资源化利用，推广深翻还田、捡拾打捆、秸秆离田等秸秆多元利用等技术，不断完善农膜回收网络，培育一批资源化利用产业化龙头企业。建设一批重点流域农业面源污染综合治理示范区。

三、把长江经济带打造成为乡村振兴的示范带

党的十九大报告指出："农业农村农民问题是关系国计民生的根本性问题，必须始终把解决好'三农'问题作为全党工作重中之重。要坚持农业农村优先发展，按照产业兴旺、生态宜居、乡风文明、治理有效、生活富裕的总要求，建立健全城乡融合发展体制机制和政策体系，加快推进农业农村现代化。"我们认为，落实习近平总书记关于乡村振兴战略的重要论述，中央关于乡村振兴战略的全面部署和五年规划，按照全国实施乡村振兴战略推进大会的要求，长江经济带各地需要从八个方面强化努力，力争尽快取得阶段性成果，打造乡村振兴的示范带。

第一，统筹编制好乡村布局和建设规划。实施乡村振兴战略，必须坚持规划先行。这是一项重要的基础性工作。当前，

推进乡村振兴最急迫的是缺规划，不少地方村庄建设无序，有新居没新村、有新村没新貌，房屋乱建、墓地乱占等问题比较突出，广大农民群众反映强烈。长江经济带应当坚持先规划、后建设，编制好县市乡村布局和建设规划，针对中心村、历史文化村、一般村、空心村等，因地制宜、突出特色，应编尽编、分类施策，坚持一张蓝图绘到底，一任接着一任干，久久为功，推进乡村建设。

第二，加快改善农村人居环境。改善农村人居环境是实现乡村振兴的“当头炮”和标志性工程，是促进乡村全面振兴的一项综合性战略举措。这些年来，农村人居环境总体在改善，但与城市相比还落后很多，严重影响农民的获得感和幸福感。前不久，国务院专门召开会议部署推进农村人居环境整治三年行动。长江经济带应当认真贯彻落实，学习推广浙江“千村示范、万村整治”经验，扎实推进村容村貌提升、农村垃圾污水治理、厕所革命等，尽快建成适应现代生活、体现乡土风貌、山清水秀、天蓝地绿的美丽乡村。

第三，着力改善农村基础设施和公共服务。当前，城乡差距大，除了收入，最直观的还体现在基础设施和公共服务上，特别是公路、通信、教育、医疗、文化等方面欠账较多，这已成为农民群众追求美好生活的主要痛点。长江经济带应当继续把基础设施建设的重点放在农村，加快推动水电路气讯建设向农村延伸，加快推动公共服务下乡到村入户，大力发展农村科教文卫体等社会事业，推进科技信息服务向农村覆盖，努力让农民拥有跟城里人一样的生活环境，享受和城里人一样的公共服务。

第四，大力发展乡村产业。产业振兴是乡村振兴的物质基础。近年来，长江经济带农业产业体系建设取得长足进展，但农业精深加工不足、产业链条短、产业功能单一、农业质量效益不高等问题依然突出。长江经济带应按照农业高质量发展要求，大力唱响质量兴农、绿色兴农、品牌强农主旋律，坚持不懈抓好粮食生产，加快推进种植业提质增效、畜禽养殖业转型升级、水产生态健康养殖和农村一二三产业融合发展。特别是要发挥地域优势和资源特色，推动传统种养向农产品加工流通延伸，推动农业功能向生产生活生态拓展，大力发展新产业、新业态和乡村服务业，全面推动乡村从主要“卖产品”，向更多“卖风景”“卖服务”“卖体验”转变。

第五，强化乡村振兴人才支撑。戏要唱好关键靠唱戏的人，没有人，乡村振兴就是一句空话。长江经济带农村人口转移进城趋势明显，农村老龄化、空心化，农村少人才、留不住人的问题越发突出。下一步，长江经济带应坚持两条腿走路，一方面，应支持就地培养，全面建立职业农民制度，大力实施新型职业农民培育工程，加大农村实用人才培训，培养造就一批扎根农村的“土专家”“田秀才”和农业职业经理人；应按照专业化生产、社会化服务、一二三产业融合发展的要求，加强涉农职业教育，培养一批产业发展带头人和专业技能型、经营型、服务型人才。另一方面，应加大政策支持，积极引导外出农民工、退伍军人、农村大中专毕业生等各类人员返乡下乡创业创新，共同投身乡村振兴。

第六，加快建设现代乡村文明。乡村振兴既要塑形，也要铸魂。乡村文明始终是社会文明的根，孝老爱亲、扶危济困、诚实守信、邻里守望等农村优秀传统文化，是新时代提振农村精气神的宝贵财富。但这些年，一些传统的、优秀的乡村价值文化逐渐式微，一些不良风气在农村盛行，迫切要求加快建设现代乡村文明，倡导乡村文明新风尚，使乡村真正成为具有乡土气息、传承乡村文明的美丽家园。长江经济带应切实注意加强这方面的工作，推动社会主义核心价值观融入乡村，大力传承、保护、弘扬优秀传统农耕文化，推进移风易俗，培育文明乡风、良好家风、淳朴民风。

第七，完善乡村治理体系。乡村是我们党执政大厦的地基。这些年，随着农村人口结构和社区形态不断变化，像长江经济带内的部分较发达地区的乡村治理正面临一些新问题新挑战。如农村基层党组织软弱涣散、缺乏凝聚力，村民自治组织管理村级事务能力不强，部分农民集体观念淡薄等。下一步，长江经济带应围绕建设善治乡村，坚定不移发挥好农村基层党组织的领导核心作用，推动县一级充分履行好农村工作“一线指挥部”职责，切实发挥乡镇作为乡村龙头、服务农民的作用，巩固党在农村的执政基础。

第八，全面深化农村改革。今年是改革开放 40 周年。我国改革从农村发端，实施乡村振兴战略，还要以改革创新为根本动力。长江经济带是农村改革的重要发源地和引领先行区，在实施乡村振兴战略中，应继续领改革风气之先，通过深化改革激发动力和活力，强化农业农村发展的要素支撑和保障。

宜宾建设四川省经济副中心的优势与对策

李后强 四川省社会科学院党委书记

一、建设省级经济副中心的条件

中共四川省委十一届三次全会指出："要完善适应区域协调发展的城镇布局、产业布局和体制机制，把经济区和城市群作为一个整体来谋划，鼓励和支持有条件的区域中心城市争创全省经济副中心。"从国内外发展案例来看，几乎所有体量大的发达的经济区域，都有副中心。一般来讲，成为省级经济副中心的条件应该为：一是经济实力强，经济总量（GDP）达到全省 12% 以上或者达到首位中心城市（成都）的 30% 以上；二是人口总量较大，常住人口达到全省 10% 以上（或者达到首位城市 50% 以上）并且城镇化率超过 50%；三是距离适中（150 千米左右），与首位城市距离大于 100 千米小于 300 千米；四是区位优越，对周边辐射带动量占自身 30% 以上；五是科技创新能力强，对经济增长贡献率超过 50%；六是营商环境好，拥有大批区域外著名科研、商务机构和大型企业落地；七是具有深厚的历史文化底蕴和知名的城市品牌；八是具有较强人才吸附能力和优良成长环境。从这些条件来看，绵阳、南充、达州是有力竞争者。这几个地方的 GDP 都超过成都 8.1%，但都没有单个成为副中心的优势。川南4个市GDP超过6000亿元，打包可以成为副中心，因此，省委提出川南第二增长极。同时，我们应看到，经济副中心城市不仅涉及经济体量，还需要考察产业结构、交通区位、人口规模，以及未来的发展潜力等方面。我认为，宜宾建设全省经济副中心有基础、有优势、有竞争力，只要顺势而为，定能“戴上桂冠”。

二、宜宾建设全省经济副中心的优势分析

宜宾具有以下六个方面的优势。

一是自然环境的承载力。“鼎鼎西南半壁，巍巍水陆码头。”这是大自然赋予宜宾的特殊恩赐。从所处自然环境上讲，宜宾具有以下特点和优势：一是地形地貌多样。在13283平方千米的土地上，分布有山地、丘陵、平坝等多种地貌。二是国家生态安全重要屏障。作为“万里长江第一城”，宜宾是长江上游重要的生态屏障和水源涵养地，在国家生态安全中肩负重要使命。宜宾当地森林覆盖率达到了45%，2017年被授予“国家森林城市”称号。宜宾森林覆盖率高，是一座绿色生态宜居的城市。三是动植物基因库。地处横断山脉过渡带，地势起伏大，气候立体，动植物资源丰富，有许多珍稀、古老的动植物种类，是全省乃至全国珍贵的生物基因库之一，拥有长江上游珍稀、特有鱼类国家级自然保护区、四川长宁竹海国家级自然保护区、四川老君山国家级自然保护区三处国家级自然保护区。四是水资源丰富。宜宾境内水系，以长江为主脉，河流多、密

度大、水量丰富。金沙江、岷江在宜宾交汇成为长江，三江支流共有大小溪河 600 多条。水能以三江流域境内段为主，金沙江水能理论储量为 157.2 万千瓦，岷江 91.7 万千瓦，长江 214.4 万千瓦。全市实际可利用水能资源居全省第一。已经建成投产的向家坝水电站，是中国第三大水电站，世界第五大水电站，也是西电东送骨干电源点。五是旅游资源丰富。蜀南竹海风景名胜区、石海洞乡风景名胜区、夕佳山古民居、李庄古镇、七洞沟旅游景区、流杯池公园、南溪古街旅游景区、兴文县石菊古地景区、长宁县西部竹石林景区、蜀南花海景区、兴文县僰王山景区等十余处国家级、省级风景名胜区，每年都吸引着数以万计的国内外游客旅游。

二是历史人文的影响力。“氐僰史载春秋，戎叙名传梁宋。”悠久的历史、古老的人文、动人的古迹，这是历史沉淀赋予宜宾的精神源泉。从历史人文上讲，宜宾具有以下特点和优势：一是历史悠久。胡锦涛同志曾盛赞宜宾是“焕发着时代光辉的历史文化名城”。宜宾是长江上游开发最早，历史最悠久的城市之一。距今四万年前宜宾市境已有人类在此繁衍生息，公元前三四千年时氐族部落出现，春秋、战国时大部分为僰人聚居之地，战国后期市境已全部纳入秦之巴、蜀二郡。西汉高后六年（前 182），建宜宾城的前身三江口僰道城；西汉昭帝始元元年（前 86），成为犍为郡治所，治地跨今川、滇、黔、渝 12 县的广大区域。二是开发较早。先秦时，宜宾农业即以种植水稻、荔枝、姜、蒟（jǔ，也称“魔芋”）、橙、茶等知名于世。

秦汉年间，是“巴蜀民窃出商贾”的重要物流通道。唐宋时，宜宾麻纺织、果品加工、酿酒、煮盐、制茶等手工业大有发展。长宁、江安的盐，筠连、屏山等地的茶，成为当时朝廷倚重的地方名产。明清时，“水陆交会，贸易四达”。三是自古重镇。素有“西南半壁古戎州”的美誉。宜宾地处川滇腹地，扼西南交通要道，进可驰援巴蜀，退可守卫康藏，左右则能与滇黔策应，历来为兵家必争之地。自古就是蜀汉南陲门户，川南重镇。四是文化繁荣。宜宾境内存有地面文物2000多处，出土“建设马门溪龙”化石、“筠连人”牙齿化石、珙县石碑龙化石；博物馆、文管所藏品共7130多件；在僰文化、酒文化、竹文化、茶文化、苗乡文化的研究上多有建树。阳翰笙研究、唐君毅研究、岩墓文化、李庄抗战文化、夕佳山民俗文化等方面亦多有成果。五是红色圣地。宜宾人民具有光荣斗争历史和革命传统，是四川省内最早建立中国共产党地方组织的城市之一。1926年1月即成立了中共宜宾特支，领导了轰轰烈烈的农民运动。党的八七会议后，在1928年10月发动南溪农民暴动，打响了四川武装反抗国民党反动统治的第一枪。1935年2月，长征中的中共中央、中革军委、中国工农红军组建了中共川南特委、红军川滇黔边区游击纵队，转战于包括市境南部兴文、江安、长宁、高县、珙县和筠连以及云南和贵州等广大地区，为配合红军北上抗日进行了艰苦卓绝的斗争，在中国和四川近现代革命斗争史上谱写了光辉篇章。

三是经济体量的吸引力。宜宾在川南各市中经济最为活跃，自古以来“当舟车之冲，冠盖往来相望”。从经济体量上讲，宜宾具有以下优势：一是经济绝对体量大、增速快。2017 年，全市地区生产总值增长 8.7%，首次突破 1800 亿元，达到 1847.2 亿元，在全省位列第四位，和全省第二位绵阳相比仅相差 200 多亿元。二是人口规模大、劳动力足。人口规模直接影响到劳动力供应和市场容量，按照常住人口规模的排名，宜宾共计 453 万人，位列区域中心城市第四位。三是第二产业强、拉力大。宜宾是全国著名的工业大市，2017 年规模以上工业增加值增长 10.3%，以 918.74 亿元的总额位列全省第三位。在工业的强力拉动下，全社会固定资产投资增长 15%；社会消费品零售总额增长 13%；城镇居民人均可支配收入增长 8.5%，农村居民人均可支配收入增长 9.5%；一般公共预算收入 138.81 亿元、增长 10.7%；城镇化率达到 49% 左右。四是县域经济发展好、排位高。翠屏区连续九年保持“全省十强县”称号，宜宾县（现为叙州区）进入“西部百强县”。五是发展后劲足、潜力大。2017 年，实施市级重点项目 227 个，完成投资 428.3 亿元。新开工亿元以上产业项目 225 个，协议总投资 1198.1 亿元。规划储备重大项目 900 余个，总投资 1.1 万亿元，其中产业项目 450 个、总投资超过 5000 亿元。民营经济占全市 GDP 比重 57.9%，贡献率达 64%。六是市场消费热、交易旺。以 2017 年的“惠民购物全川行动”“川货全国行”“万企出国门”三大活动，实现销售收入 453.7 亿元。成功举办首届国际（宜宾）茶业年会、中国国际名酒文化节等展会活动 350 余场（次），实现销售收入 430.5 亿元。深入实施电商示范工程，8个县（区）电商园区建成运营，川红茶业集团成功创建国家级电子商务示范企业。

四是产业创新的竞争力。宜宾通过技术革新使传统企业焕发新活力，通过科技创新使新产业产生新突破，从而在产业竞争中占据优势。一方面，传统产业转型稳步推进。2017年，全市完成工业投资530亿元、增长33.2%，技改投资370亿元、增长12.1%。规模以上工业酒类、化工、电力等产业增加值分别增长10.5%、6.8%、12.4%。五粮液首次进入世界品牌500强。有7户企业进入全省企业100强名单，8户企业进入全省制造业企业100强名单。另一方面，新兴产业从无到有、实现重大突破。目前，已经创建高新技术企业10家。智能终端产业快速推进，规划面积8800亩的智能终端产业园，已用地4600亩，建成和在建厂房400万平方米，签约项目108个、协议总投资388.85亿元，21户企业正式投产，全面达产后可实现年产值1900亿元。全国手机30强企业有9户落地宜宾。新能源汽车产业取得突破性进展，首期工程总投资45亿元、占地1000亩的汽车产业园开工建设，控股具有乘用车整车生产资质的凯翼汽车公司完成在宜宾注册和项目核准。轨道交通产业基地建设稳步推进，全面达产后可实现年产值300亿元。页岩气产业可实现产值30.9亿元，通用航空、新材料、节能环保、医药及器械、绿色食品加工业等产业发展有序推进。引进培育市级以上重点龙头企业220户，建成亿元以上农产品批发市场1个、农产品集配中心6个，创建“三品一标”农产品529个。开工建设“宜长兴乡村振兴发展示范区”项目159个，建成酿酒专用粮基地37.1万亩。“天府龙芽”成为全省区域大品牌，宜宾市被国际茶业委员会授予“世界著名茶乡”的称号。注册资金35亿元的四川省兴文石海天下奇文化旅游投资有限责任公司挂牌运营。蜀南竹海景区管理体制改革全面完成。创建4A级景区4个。宜宾港集装箱吞吐量达38万标箱。

五是周边区域的辐射力。“地接滇黔，水汇三川，西南半壁，雄镇一方。”独一无二的方位决定了宜宾作为区域中心城市对周边城市和毗邻地区具有强烈的辐射带动作用。

（1）“邻居”省份多。宜宾位于四川盆地南部，是川、滇、黔三省交会地。东靠万里长江，西接大小凉山，南近滇、黔，北连川中腹地，素为川南形胜。自古以来，宜宾就是川南、滇东北和黔西北一带重要的物资集散地和交通要冲。

（2）辐射周边城市数目多。设立区域中心城市目的是在于规划一个新的增长极和其他中心城市共同带动区域经济的发展。对于宜宾而言，其和成都构成的经济发展轴能带动乐山、自贡、内江、资阳，和重庆构成的经济发展轴则至少可以带动泸州，宜宾是辐射周边城市数目最多的区域性经济中心城市。

（3）宜宾水、陆、空立体交通区位优势显著。长江这一黄金水道及其支流，将宜宾与省内各城市以及下游的重庆、武汉、南京、上海等大城市紧密相连。2022年前后，成贵、渝昆、川南城际、蓉昆4条高速铁路将陆续建成，宜宾可在30分钟到内江，40分钟内达到重庆，1.5小时内达到成都，1.5小时内达到贵阳，2 小时内达到昆明，宜宾将成为全国铁路交通枢纽。宜宾第二机场建成后，宜宾将成为川南通用机场群的核心城市。除此以外，成贵高铁宜宾金沙江公铁两用桥全长 1874.9 米，大桥主跨度 336 米，是我国首座铁路在上、公路在下形式的桥梁，被誉为大国工程。宜宾在我省区域性经济中心城市中交通最便捷，海、陆、空兼备，尤其在国家八纵八横高铁路网中规划中地位显赫。

六是空间距离的牵引力。宜宾建设全省经济副中心的区位优势得天独厚。一是空间区位好。新加坡前总理李光耀在提议建立新柔廖成长三角时最早提出“成长三角理论”。在国内，成长三角理论有诸多的应用，比如“珠三角”“长三角”。如果在宜宾设立省域副中心城市，则成都、宜宾、重庆构成成渝经济区发展“金三角”。二是距离保持好。省域副中心应该在中心城市 150 千米外。而宜宾距离重庆直线距离 197 千米，和重庆有比较安全的距离，重庆对其遮蔽影响有限。同时，宜宾距离成都 200 多千米，也处于“安全距离”。

在看到宜宾建设全省经济副中心的众多优势的同时，也要与其他区域性经济中心城市认真比对分析，在经济体量、产业结构、辐射能力、人才储备等方面继续积极加大力度。

三、宜宾建设全省经济副中心的五点建议

（一）抢抓机遇，双向开放，主动融入国家发展战略

宜宾应充分抢抓新一轮西部大开发等重大机遇，主动融入

“一带一路”建设、长江经济带发展等国家战略，打造立体全面开放格局，力争走在西部全面开发开放前列。紧紧围绕服务国家战略，抢抓开放机遇，不断提高开放型经济水平。宜宾要融入“一带一路”、长江经济带大战略，充分利用其“水、陆、空”交通优势，倾力打通大通道。要真正以国际视野、战略远见，深刻洞察和辩证思考国内外发展大势，进一步解放思想，破除盆地意识，以全域思维和全局视野，研究谋划新形势下宜宾全面开发开放问题，建设开发开放新高地，推动和引领新形势下全面开发开放。建议尽快组织编制“一带一路”南向开放规划，长江川江段库岸国土保护开发综合规划，并争取上升为国家层面规划。要重视新阶段开放的双向性，在大幅度引进来的同时辐射扩张出去。例如，宜宾应输出优秀的酒茶竹文化产业产品，聚力打造全球酒都、竹都、茶都等。

（二）借鉴经验，后发先至，倾力打造开放高地

宜宾应充分借鉴广西、云南、重庆、宁夏、贵州等地开放高地建设的成功经验，全方位融入已有的开放体系。宜宾建设开发开放新高地，不仅仅是通江达海，还要联结沿边、沿江、沿路重要开放节点区域，例如接入重庆的一江两翼大通道，接通广西防城和钦州等北部湾港区，广西凭祥、广西东兴、云南瑞丽等重点开发开放试验区。在构筑大通道的同时，不忘打通中小循环甚至是微循环。在借鉴重庆开行蓉欧班列、成都—宜宾—钦州班列及海铁联运的同时，打造某些省市没有做成功的西南到印度洋通道，打造成都—宜宾—西昌—攀枝花—瑞丽—

缅甸皎漂的江铁海联运通道，近期可先行打通宜宾—西昌—攀枝花重载铁路。结合这些新通道建设，支撑打造有全中国乃至全亚洲、全世界重要性的宜宾开发开放新高地。

（三）集聚要素，打造强极，加快构建新增长极

将宜宾打造成为川南强支，构建长江经济带作为新的增长极，以长江经济带的高质量发展推动和引领全省经济高质量发展。这既是响应习近平总书记深入推动长江经济带发展的号召，也是符合宜宾实际的区域经济发展规律要求。2017 年四川 GDP 过千亿元的前 10 位城市中，川南算上凉山占 6 席，区域实力强劲，而沿江的宜宾最强，以宜宾为中心打造这个长江经济轴带为新的增长极，集聚全省要素资源推动川南沿江集聚发展，疏解成都部分功能。

（四）打通动脉，突破瓶颈，集中力量建设交通大通道

建设南向陆路大通道和东向长江大通道。一是尽快开通蓉昆高铁成都至宜宾段，以及成宜高速。二是向西积极推进宜宾—西昌重载货运铁路建设，向南升级内昆铁路为重载铁路。三是积极推进宜宾至重庆长江航道浅滩整治，启动泸州港总体规划修编工作，建成宜宾港志城作业区散货泊位，打通攀枝花至宜宾、泸州水运航线。四是同步规划港铁、公铁、空铁联运，仓储物流和城市交通，真正使东向南向交通运输大通道畅通起来。

（五）战略规划，承载重压，争夺“副中心”桂冠

四川省委提出构建“一干多支、五区协同”区域发展新格

局。作为“支点”，宜宾所在的川南经济区，位于川渝滇黔接合部，拥有得天独厚的“长江黄金水道”，食品、机械、化工等产业基础厚实，智能终端、轨道交通、通用航空等新兴产业发展空间很大，人口、教育、财力等比较优势明显，最可能率先成为全省第二经济增长极，要加快推进一体化发展，建成南向开放重要门户和川渝滇黔接合部区域经济中心。

四川省委书记彭清华指出：“相信经过几年努力，一定能够形成几个经济总量3000亿元到5000亿元的城市，到时候我们会敲锣打鼓把‘副中心’的桂冠给你戴上。”我们有理由相信：宜宾切实转变发展方式，优化经济结构，提升发展质量和效益，不断增强综合实力，能够靠实实在在的业绩脱颖而出，去赢得这一永载史册的桂冠！

高质量发展要求下的长江经济带发展

侯永志 国务院发展研究中心发展战略和区域经济研究部部长

一、高质量发展的内涵和要求

高质量发展可在不同层次上理解。从最一般意义上理解，高质量发展是在不断增强公平性和可持续性的前提下，实现经济高效率的发展。在宏观层次上理解，它包括供给与需求的平衡、供给结构与需求结构的匹配、供给侧适应需求侧变化的能力、潜在需求的释放及有效需求的增长、经济运行的稳定性等内容。在中观层次上理解，它包括产业结构的合理性及其层次、生产力的空间布局、物质产品和服务产品的质量、生产过程中的资源消耗、发展过程中的利益分配和分享全球化红利的多寡等方面。

二、建立现代化经济体系是推动高质量发展最核心的内容和最基本的要求

推动高质量发展，需要做许多方面的工作，但是需要做的最核心和最基本的工作是建立现代化经济体系。要建立现代化经济体系，必须理解和把握现代化经济体系的内涵。而观察现代化经济体系的维度不同，我们所给出的现代化经济体系的内涵和内容也不同。为了把问题聚焦，建议从生产力层次上来理解现代化经济体系，以此来思考现代化经济体系的主要特征和构建现代化经济体系关键的和主要的着力点。

（一）在生产力层次上来理解现代化经济体系应具有的主要特征

根据初步思考，在生产力层次上，可从四大方面来界定现代化经济体系的主要特征。

1. 支撑社会生产的主体技术

此处用“主体技术”的概念，而不用“新技术与旧技术、现代技术与传统技术、高技术与低技术”的概念，因为“新与旧”“现代与传统”“高与低”是相对概念，而“主体”是绝对概念。

当今世界，静态地看，技术有不同的领域和层次。在繁多的领域中，在从低端到高端这一技术的广谱体系中，支撑现实

的社会生产的主体技术是什么？动态地看，技术总是在不断地进步，也总是会出现新的领域，且各领域的技术又日益相互交叉渗透，交叉科学、边缘科学越来越多，又如何选择未来的支撑社会生产的主体技术呢？从中国当前的情况看，技术及其所决定的生产力水平是多层次的，劳动力的基本素质和能力也是多层次的，当我们在说要构建现代化经济体系时，心目中的支撑社会生产的主体技术是什么呢？

要回答上述问题，必须做一些前提性研究：现在，世界上有什么技术？这些技术在生产和生活领域中应用的广度和深度如何？哪些技术可能会很快淘汰？

历史上出现过三次工业革命，分别是机械化、电气化和信息化。现在人们正在讨论第四次工业革命。智能制造学派提出，智能制造将成为第四次工业革命的驱动力。

结合以上分析，可否提出：信息化是当前的主体技术；智能化是不久之后的主体技术？这需要大家共同讨论。

2. 经济活动的产业类别及其相互关系

这里需要先讨论几个问题：在一二三次产业关系中，谁是主导？在制造业内部，在林林总总的门类中，谁是主导？在服务业内部，在日益增多的门类中，谁是主导？在开放条件下，产业体系的完整性需要达到什么样的水平？

在第一、第二、第三产业的关系上，不能简单地用产出比重、就业产出比重来说明产业结构的层次，还要看制造业和服务业内部的结构。在这种情况下，要观察：国民经济基础产业的支撑能力如何？命脉产业是否由自己掌控？

可以认为，从产业维度观察，现代化经济体系是：基础产业领域要强大，命脉产业的控制权由自己掌握。

3. 物质产品和服务产品生产和提供的具体方式

不同的生产工具，不同的生产方式，效率显然不一样，甚至也会影响到发展的公平性和可持续性。新的物质产品和服务产品生产和提供方式不断出现，推动效率变革，也影响着生产过程中的利益关系调整。

4. 经济活动的空间布局

这里先讨论几个问题：经济活动空间分布是否与各地的比较优势相一致？其均衡性如何？是否存在过度分散的现象？是否存在效率低下的过度聚集现象？各地之间的分工是否合理？区际分工的深度如何？各地产业横向一体化和纵向一体化的程度如何？

从这一维度观察，现代化经济体系是：经济活动聚集和分散适宜，区际分工更多地体现产品内价值链分工，各地产业一体化程度很高。

（二）构建现代化经济体系关键的和主要的着力点

建设在生产力意义上的现代化经济体系，要有一条主线。这条主线就是如何为经济体系的构建提供越来越强大的技术支撑，它涉及技术的革新和创造，以及新技术在社会再生产各领域广泛而深入的应用。其他工作，如体制改革、政策设计等，都要围绕这一主线展开。

三、高质量发展要求下的长江经济带发展

支撑长江经济带高质量发展的战略选择，主要包括六个方面：

（1）促进经济进步，构建进步经济体系；

（2）建立学习型经济，改进动态效率；

（3）做强做优做大制造业；

（4）把绿色发展作为现代化的导向与核心元素之一；

（5）依托城市群，优化区域布局；

（6）把自主科技创新作为发展的根本支撑。

这里重点解释两个战略：一是促进经济进步，构建进步经济体系。经济进步，就是经济在总量上的增长和结构上的升级，只要 GDP 的增长和结构的演进，就会有经济的进步。但是，一个社会要发展，仅有这些是不够的，还要解决好人与人的关系、人与自然界的关系。建立进步的经济体系，就是要解决这些问题。这种体系，不仅有助于经济进步，而且有助于社会的和谐及人与自然的和谐。二是建立学习型经济，改进动态效率。人们对学习型社会耳熟能详，这里提出学习型经济的概念。它是这样一种经济：具有强大的创新能力和知识溢出效应。根据相关研究，制造业是知识生产最多、知识溢出效应最为明显的部门。因此，建设学习型经济，就是要做强做优做大制造业。

第六章

历时两年的《光明日报》整版刊发

智库的“顶天”“立地”功能之间是什么

智库的决策服务功能是什么？询问一千个人，可能会有一千个答案，这也正是智库的魅力所在，即在不同人的眼中，智库决策服务发挥着不同的作用。关于智库的决策服务功能有一个词：“顶天立地”。怎么理解“顶天立地”呢？国务院研究室原主任魏礼群曾指出，智库研究需要做到“顶天立地”：“顶天”，就是站高望远，善于顺应时代潮流，洞察和把握国内外发展大势，紧紧围绕党和政府的决策需求；“立地”，就是紧密接触地气，深入实际，搞好调查研究。

我给“顶天立地”做一个简洁的概括：“顶天”即顶层设计，“立地”即接地气、出举措。如此说来，智库的决策服务功能是不是就有两大类了呢？一个是“顶天”功能，即服务于顶层设计，为党和国家的大政方针、主要战略进行谋划建议；另一个是“立地”功能，即接地气，立足于各个地方的具体实践，探讨或制定具体的政策举措。除了这两类功能之外，还有一个非常重要的功能，甚至是更为重要的功能，即把“顶天”“立地”联结起来的功能。这种功能是把顶层设计落到地上，使政策举措贯彻执行顶层设计；同时，政策举措反馈顶层设计的成效，甚至依据实践效果与问题来进一步改进和完善顶层设计；顶层设计指导或规范实践中的政策举措，甚至依据顶层设计的科学逻辑来进一步调整和提升政策举措。从上述逻辑可以看出，联结“顶天”“立地”的智库决策服务功能是至关重要的，能够把“顶天”“立地”双向互动起来，并进一步增强“顶天”“立地”功能。

在很多情况下，“顶天”“立地”二者容易脱离开来，出现“两张皮”。因此，二者联结的功能就显得更为重要了。为此，我做一个总结：智库的“顶天立地”功能包括3个维度，一是“顶天”，顶层设计；二是“立地”，接地气、出举措；三是把“顶天”“立地”联结起来。

人大设立学校科研机构人大长江院，并把其作为新型智库进行建设和发展，创新模式，与宜宾合作共建，还提出远大目标——成为全国校府（高校与政府）智库合作的先进典范与样板。人大长江院的建设和发展值得智库界探讨，其最大的价值在于搭建和实施“顶天”“立地”功能之间的联结功能。长江经济带发展战略是一项重大的国家战略，该战略的设计与推进属于顶层设计；而长江经济带覆盖上海、江苏、浙江、安徽、江西、湖北、湖南、重庆、四川、云南、贵州11省市，面积约205万平方千米，人口和生产总值均超过全国的40%，在拥有如此多人口的广袤土地上，经济活动如何具体建设，如何制定和落实各项实际的政策、措施、方案，则是实践层面的政策举措问题。人大长江院既要关注长江经济带发展战略的顶层设计，又要重视具体的政策举措，更要把顶层设计与政策举措联结起来。即要探讨长江经济带发展战略的顶层设计如何才能得到更好地贯彻执行，又要探讨具体政策举措是否科学可行，是否贯彻执行了长江经济带发展重大战略；此外，还要通过顶层战略与实践政策的双向互动，探讨二者是否需要调整和完善。

再看一下人大长江院的建设参与主体，人大在顶层设计上具备优势力量和丰富资源；而宜宾为长江首城，是扎根于实践的绝佳地点之一。通过人大和宜宾的强强联合，“顶天”和“立地”的条件几乎完美地具备了。

那么，人大长江院对“顶天”“立地”联结功能做得怎样呢？可以从《光明日报》整版刊发我关于宜宾脱贫机制创新的调研略见一斑。文章总结归纳了地方政府扶贫工作的重要机制创新，指出宜宾的扶贫成效验证了我国扶贫战略设计的有效性。

历时整整两年

2017 年 11 月，我以人大长江院院长的身份来到宜宾。刚到宜宾不久，就接到《光明日报》的一个电话，称需要对有重大价值的建设实践进行深度报道，询问我是否有这方面的题材。我当时有不少这方面题材，比如，北京正推进投融资领域的创新改革，我还担任了北京创新投融资项目的一个督察小组的组长，北京投融资领域的创新改革就是一个值得深度报道的题材；又比如，我多次参加从中央到部委再到地方的雄安新区建设谋划，作为千年大计的雄安新区的建设谋划也是一个值得深度报道的题材；再比如，为了支撑党的十九大报告的撰写，我带队到东北深入调研东北振兴问题，这也是一个值得深度报道的题材。经过短暂的思考，我并没有向《光明日报》推荐这些重要题材，而是推荐了宜宾的扶贫脱贫题材。

能够明显感觉到，《光明日报》对我的这个推荐有些意外。我当时在电话中做了一些说服工作。首先，扶贫脱贫具有历史性和世界性的重要意义。脱贫，不仅是中华民族几千年以来的梦想追求，而且是世界各国一直以来面临的全球难题。我国第一部诗歌总集《诗经》里的《大雅·民劳》有言“民亦劳止，汔可小康。惠此中国，以绥四方”。由此可见，几千年前，我们的人民就渴求脱离贫困，步入富裕的小康生活。国际社会一直致力于扶贫工作，但贫困问题依然是当今世界面临的较为严峻的挑战之一。联合国发布的有关数据显示，全世界在减少贫困人口方面取得了积极进展，但是各国在此方面仍然任重而道远。其次，宜宾扶贫脱贫具有一定意义和价值。党的十九大报告指出，要动员全党全国全社会力量，确保到2020年我国现行标准下农村贫困人口实现脱贫，贫困县全部“摘帽”，解决区域性整体贫困，做到脱真贫、真脱贫，而宜宾要先于全国一年实现贫困人口全部脱贫。

为了写好宜宾扶贫脱贫的调研文章，我一字一句地撰写和修改。成稿后提交给《光明日报》，经过报社严格审校，认真排版，2019年11月文章被刊发出来，这距离2017年11月报社和我联系，经过了整整两年的时间。

为何必须为《光明调查》栏目的负责人点赞

当把宜宾扶贫脱贫调研文章的初稿提交给《光明日报》后，《光明调查》栏目的负责人在之后的两年时间里给了我方方面面的指导和帮助，这使我惊讶于其专业的态度：要求如此之严格！态度如此之严谨！工作如此之认真！

栏目负责人向我指出，《光明日报》对调研文章有着极高的要求，每一个环节都要有保障，比如要开展深入的调研，其撰写方法和学术课题调研有较大的不同，媒体调研更重视高质量的细节和典型，既要有新闻性又要有科学价值。在沟通交流中，栏目负责人向我提出了更多有价值的要求和指导帮助，比如文章表述一定要符合客观实际，对其中的关键数据、关键做法、关键举措不仅要严格地核实核对，而且要多次核实核对，坚决、彻底地规避掉错误、失误、曲解、误解等问题。

在等待刊发的两年里，我还需要对文章中的数据、事件进展等方面进行及时更新，这种大的更新有 3 次。对于每一次更新，栏目负责人都会及时提示并严谨地核对。直到 2019 年 11 月 14 日，文章 15 日就要刊发了，负责人还向我提出："珙县孝儿镇党委副书记罗伟这个没问题吧？"经核实，副书记不对了，而是书记。这个细节反映了负责人是多么严格严谨！是多么认真负责！

“来自四川宜宾脱贫一线的调研”面世

上文把《光明日报》整版刊发我调研的过程做了较为具体的交代，让读者能够了解智库运转的具体情形，也能够了解报社业务的具体情形。以下把调研文章的全文附上。

“歇帮”：脱贫攻坚的一项创新机制①

——来自四川宜宾脱贫一线的调研

编者按　党的十九大报告指出，要动员全党全国全社会力量，确保到2020年我国现行标准下农村贫困人口实现脱贫，贫困县全部摘帽，解决区域性整体贫困，做到脱真贫、真脱贫。四川省宜宾市深入学习贯彻习近平总书记扶贫思想和指示，坚定执行党中央、国务院扶贫脱贫部署，经过多年奋斗，取得了丰硕成果，提出先于全国全省一年实现贫困人口全部脱贫。中国人民大学长江经济带研究院课题组选择全国脱贫攻坚典型性较高的宜宾市，围绕宜宾市脱贫攻坚体制机制创新的经验做法，进行了深入调研。

宜宾市属于国家乌蒙山连片特困地区，其中国家乌蒙山连片特困地区县1个、四川省乌蒙山连片特困地区县4个，4个县属于少数民族比照县，9个县（区）属于革命老区县，全市建档立卡贫困人口基数11.22万户38.79万人、贫困村471个，

① 中国人民大学长江经济带研究院课题组．“歇帮”：脱贫攻坚的一项创新机制——来自四川宜宾脱贫一线的调研 [N]. 光明日服，2019-11-15（07）.

贫困发生率8.7%，农村贫困人口占全省贫困人口5.97%、贫困村占全省贫困村4.1%，扶贫脱贫任务和负担十分繁重。近年来，宜宾市对扶贫脱贫工作高度重视，坚定执行党中央、国务院的扶贫脱贫部署，进行全市动员，激励人人投入，发动了一场全民参与的扶贫脱贫人民“战争”。据了解，2014—2018年宜宾市实现精准减贫35.47万人、占贫困人口总数91%，贫困发生率从8.7%下降到0.8%；精准退出贫困村422个，占贫困村总数的90%；高质量实现4个贫困县摘帽，占贫困县总数的80%。

课题组在调研中发现，体制机制创新在宜宾市打赢扶贫脱贫阶段性硬仗中发挥了关键作用。其中最有代表性的、成效最为显著的创新性做法有三种：“歇帮”机制、“借牛还牛”模式、“五补五改”模式。

1. “一个不能少”的“歇帮”机制

宜宾的“歇帮”机制不是不帮，而是为了更好的帮，通过加强教育管理，告诫贫困户不要只想着“等、靠、要”，让贫困户认识到自己是脱贫的主体，主动与帮扶干部一道，共同努力。“歇帮”机制以“负面清单”方式倒逼贫困群众主动参与脱贫，进一步激发贫困户脱贫内生动力，实现由“要我脱贫”向“我要脱贫”的转变。

——什么情况“歇帮”？各贫困村由乡镇党委政府指导驻村工作队、村两委和第一书记组织召开村民代表大会，根据本村实际情况提出存在的问题及建议措施，以“负面清单”的方式，累计列出对不执行政策规定和村规民约、推卸赡养老人责任、故意造成老人贫困、婚丧嫁娶活动中大操大办、违法乱纪、参与黄赌毒等24项“歇帮”指标，对达到3项指标以上的贫困户就要“歇帮”。同时，明确贫困户应该做什么、不应该做什么、不能做什么、禁止做什么，让贫困户享受扶贫政策的同时，也面临违反规定的惩戒。

——什么程序决定“歇帮”？一是建立“歇帮”对象初步名单。成立“歇帮”执行监督小组，对本村所有贫困户分户建立工作台账，收集每户参与脱贫攻坚的具体情况，对符合标准的贫困户列入“歇帮”对象初步名单。设立举报窗口，接受村民直接反映有违反“歇帮”24条指标行为的贫困户，经谈话、警告或严重警告仍不改正的贫困户列入“歇帮”对象初步名单。二是决定“歇帮”对象名单。初步名单交由村民代表大会讨论表决通过，报执行监督小组审定后列为“歇帮”对象，执行周期为3~6个月，纳入执行监督小组重点监督范围。

——什么措施防止“脱帮”“落帮”？一是落实责任督促帮。按照“一户一策”的原则，对“歇帮”户制定“复帮”措施，落实责任人员。二是基层组织巧力帮。解决“歇帮”贫困户基本生产生活困难，组织参加“农民夜校”，加大对“歇帮”户的思想教育和感化，引导贫困村民树立自力更生、艰苦奋斗的创业精神。三是帮扶干部智力帮。由第一书记、对口帮扶干部等与“歇帮”户结“对子”，深入“歇帮”户家中面对面谈心谈话，耐心细致宣传脱贫攻坚政策措施，让贫困户看到主动脱贫的前景。四是社会团体齐力帮。充分发挥贫困村比较优势，引进龙头企业、专合社和种养殖大户，建立“龙头企业＋贫困户”“专合社＋贫困户”等包户帮扶机制。

——什么情况下“复帮”？贫困户在“歇帮”期间，经过思想政治教育、感恩奋进教育、法律法规教育等，能自觉遵守“歇帮”机制各条约，对所违反条约有深刻的认识，主动改变自身的不足的，恢复帮扶。

——什么程序“复帮”？思想上有进步、行动上有改变的“歇帮”贫困户在“歇帮”时间到期后，通过向村两委提交“歇帮贫困户复帮申请书”，经程序表决确定是否停止“歇帮”，恢复其原有的帮扶机制。对暂时还需“歇帮”的贫困户，继续加强教育引导，直至恢复帮扶机制。

屏山县书楼镇五峰村贫困户罗泽海回忆起当时被“歇帮”的情况时说，以前住的是土草房，穷得叮当响。2013 年被评为贫困户后，帮扶干部三番五次地上门做他的思想工作，希望他尽快改造住房、发展产业。但罗泽海心里有自己的“小算盘”，他说：“当时，我不愿意发展产业、建房，其实我是想再等等，看政府能不能多给点补助。”由于多次思想帮助无果后，2017 年 2 月，村里决定对其“歇帮”3 个月。看到其他贫困户顺利住进新房，而自己只能住在土墙倾斜的老屋里，看到别的贫困户积极发展产业，而自己的土地还是那点微薄收入，罗泽海的思想一点点改变，最后他主动找到干部，承认不积极不主动的思想误区，愿意建房、发展产业。但“歇帮”期限未到，按制度规定，村里拒绝了罗泽海发展产业的贷款申请。罗泽海一下子没了主心骨：“那个时候，感觉到自己像被大伙儿抛弃了一样，心里受到强烈震撼，一有机会就去找干部说心里话，寻求他们的支持与帮助。”3 个月期限一到，经过考察，村里恢复对其帮扶。他如愿借到 4000 元产业周转金，种了 3 亩李子、10 亩核桃、套种 4 亩魔芋。修起了新房，儿子也开起了摩托车维修店，到 2018 年，罗泽海一家已经过上了红火的日子。

像罗泽海这样转换观念、成功脱贫的例子不在少数，凸显了“歇帮”机制的成效。“‘歇帮’的目的是激发贫困户的内生动力，只有其内生动力真正激发出来了，脱贫成效才能持续巩固，脱贫质量才能持续提升。”书楼镇五峰村驻村干部胡云芳说。

通过实施“歇帮”机制，宜宾市的脱贫攻坚工作更接地气、更受群众支持、更得贫困户理解、更具实效性。据介绍，截至 2019 年 9 月，全市共给予“歇帮”处理 162 户，已对态度端正、表现积极的 159 户结束“歇帮”。通过“歇帮”，贫困村里怨天尤人的少了，专注致富信息的多了；喝酒打牌的少了，交流发展经验的多了；拨弄是非的少了，互助互爱的多了；铺张浪费的少了，勤俭节约的多了。

2. 扶贫资金变资本的“借牛还牛”模式

屏山县新市镇何家坪村、观音村地理位置偏远、山势险峻、土地贫瘠，被列入该县的重点贫困村，两村共有贫困户

104户442人，贫困发生率25%。作为重点贫困村，面临着增收无门、致富无方的严峻难题，除了传统的小型种养业外，缺乏有规模有特色的主导产业。面对难题，村两委积极探索，确定了该村主导产业的发展方向——肉牛养殖，创建了屏山县金源肉牛养殖农民专业合作社。三年前成立的金源肉牛养殖专合社，注册资金500万元，占地面积2374平方米，可同时容纳肉牛养殖200余头。截至2019年9月，该专合社投入480余万元，养殖肉牛2批次170多头，目前是该县资金投入最多、规模最大的肉牛养殖基地。

一开始，贫困户因为无资金、无技术、无销路，参与的积极性不够。为了解决这一卡脖子问题，村两委创新体制机制，探索推行“借牛还牛”模式。“借牛还牛”，即财政扶贫资金不再分散给各贫困户，而是入股到肉牛养殖专业合作社，并折合成股权分给贫困户。一方面，贫困户可以从肉牛养殖业的发展中获得股权收益；另一方面，合作社利用财政扶贫资金购买仔牛，而后“借”给贫困户饲养，贫困户把肉牛养大后“还”给合作社，合作社支付养牛的费用，贫困户获得劳务收入。“借牛还牛”模式，实现了贫困群众变股东、扶贫资金变资本、促进了产业持续发展和贫困户持续增收的目标。

“借牛还牛”模式的体制机制设计，在专业合作社与贫困户之间搭起了一座合作共赢的桥梁。金源肉牛养殖专合社为贫困群众带来了四重收益保障，即“种植收益＋养殖收益＋股权收益＋二次分红”，部分贫困户还有第五重、第六重、第七重收益保障——劳务收入、利息收入、土地租金。

课题组认为，通过“借牛还牛”模式助推精准扶贫改革，构建了一个共生、共存、共享的利益共同体，实现贫困群众脱贫增收、专合社增效增值、产业做大做强的乘方效应，成功将肉牛养殖产业打造成了两个贫困村脱贫发展的特色主导产业。从实践上来看，2019 年 1—9 月，专合社带动农户肉牛养殖达到 1535 头规模，实现年产值 1300 多万元，贫困户实现户均年增收 1 万元以上。课题组与何家坪村贫困户师廷光交流时，他高兴地说：“我认养了 5 头牛，还种了草，10 个月下来，多收入 1 万余元。”

3. “五补五改”模式撬动社会资金

在扶贫脱贫资金的使用上，宜宾市不断提高财政资金的使用效率，并努力动员社会资金参与，为此探索推行了“五补五改”模式，取得了良好成效。

一是实行“补改投”模式。即改变传统财政资金直接投入方式，将财政资金以市场投资的方式注入新型市场主体，财政资金使用效益得到了极大提高。比如“借牛还牛”模式，专业合作社对财政资金进行市场化投资，而贫困户获得相应的股权以及参与产业发展的机会。

二是实行“补改金”模式。即改变传统财政资金直接补助方式，建立产业发展基金和扶持周转金。采取政府支持、多元化投入方式，组建产业发展基金，推动农业基础设施建设、产业开发、新农村建设以及城乡统筹发展。据了解，2015 年宜宾市级财政设立贫困村产业扶持基金，截至 2019 年上半年，产业扶持基金达到 2.9 亿元，贫困村产业扶持基金规模达 50 万元 / 村。已累计发放基金 2.1 亿元，惠及 1.9 万贫困人口；支持村集体经济发展发放 0.7 亿元，惠及 1.8 万贫困人口。

三是实行“补改租”模式。即改变传统财政资金建设项目方式，推行“建设(购买)—租用—移交”和政府购买公共服务。市场主体投入资金建设农村公路、水利设施、农产品加工场所及设备等基础设施，经验收合格后，政府年度付费租赁使用或回购产权，有效吸引了社会资本的投入，解决了财政投入压力。在蚕桑龙头企业智溢公司，课题组了解到，2015 年市级财政用农业科技推广应用专项资金 50 万元购买了该公司的“桑枝香菇”研发和推广服务，通过坚持“政府支持推动、龙头企业统筹、专合组织服务、科技培训支撑、生产统分结合、产品统一回收、品牌包装营销”的发展方式，增加了冬春两季蚕棚空置利用。上述服务取得了显著成效，2019 年 1—9 月，贫困户户均增收达 3500 元以上。

珙县孝儿镇党委书记罗伟介绍，该县的恒远桑枝食用菌专合社于 2016 年 7 月成立，采取菌袋托管、入股分红、技术培训、提供菌袋、跟踪服务、保底回收等措施，首先是对完全缺乏产业发展能力的贫困户实行产业发展托管模式，按专合社、贫困户 7:3 比例分成，最低利润按每个菌袋 1 元计算；其次是项目资金量化，玉峰村 61 户 176 名贫困人口，专合社按照入股资金 5% 向贫困户保底分红；最后是实行“二次分红”模式，利润按专合社、贫困户 7:3 比例分成。玉峰村贫困户王少富手捧菌袋对课题组说："这就是我的钱袋子，专合社提供菌袋和技术，还包回销，今年我种了 3000 个菌袋，今年行情好，价格高，纯收入超过 10000 元了！"

四是实行"补改保"模式。即改变传统财政资金直接奖补方式，采取注册融资平台和设立分险金方式，将财政资金直接注资政府性担保平台，为带动产业发展的新型主体提供担保贷款。同时，分县（区）设立产业发展分险金、贫困户住房贷款分险金等风险保障功能性资金，增强金融机构放款的信心，撬动更多金融资本、民间资本、社会资本流向涉农项目和扶贫地区。据介绍，市级财政从 2015 年起到 2019 年，连续五年注资农业担保公司 3500 万元 / 年，为农业综合开发提供资金投入保障。目前，市农业担保公司在保余额达 6 亿元，自成立以来撬动银行信贷资金 28 亿元，为 145 户涉农企业提供 600 多笔融资担保服务。

五是实行"补改贴"模式。即改变传统财政资金直接扶持方式，加大财政对农业经营新型主体贷款贴息贴费的补助力度，降低对农业投入的社会融资成本。比如，设立农业产业化发展专项资金，对农业龙头企业和专合社产业项目固定资产投入贷款和收购农产品流动资金贷款贴息补助。再比如，县（区）政府转变扶持方式，通过贴息政策创新开发了"好牛贷""小额贷"等金融产品，为贫困户金融信贷投入产业的资金贷款进行三年全额贴息，充分调动了农民筹资投入生产的积极性。

4. 宜宾经验对扶贫脱贫工作的启示

到 2020 年，我国要实现现行标准下农村贫困人口脱贫、贫困县全部摘帽的目标。目前是关键期，如何做到脱真贫、真脱贫，最终圆满完成脱贫伟业，科学有效的体制机制是根本保障。课题组认为，对宜宾在扶贫脱贫工作中探索出的体制机制创新，进行科学总结并加以推广，具有重要意义。

要着力解决一些贫困人员不愿意接受和参与扶贫工作的共性问题。在脱贫实践中，一些地方存在“上头热下头冷”“干部着急群众不急”“戴着贫困帽子不愿摘”等现象，由于一些贫困群众思想认识不到位、安于现状、脱贫信心不足等原因，出现严重的“等、靠、要”思想，缺乏内在动力，致使扶贫工作难以纵深开展，即使脱贫了也会很快返贫。宜宾推行的“歇帮”机制，设计出一套严密的、环环相扣的体制和制度，有效破除了贫困户的“等、靠、要”思想，促使贫困户自身积极地投入脱贫行动之中。

只有培育出脱贫致富的产业以及就业机会，脱贫致富才能找到源头活水。宜宾所探索的“借牛还牛”模式，是在扶贫脱贫的工作中找出发展产业这个根本出路，确定贫困地区的比较优势，开发和培育主导产业。“借牛还牛”模式之所以有推广价值，在于解决了贫困户不愿参与产业发展所存在的无资金、无技术、无销路“三无”困扰。通过解决这些困扰，贫困地区的产业发展难题也就解决了，贫困户的回报以及就业也解决了，这就能够实现贫困户稳定持续增收致富，贫困地区的发展也拥有了可持续源泉。

要解决缺乏投资资金和发展资本的难题。缺钱就无法投资项目和发展产业，没有项目和产业，就不能创造利润和获得收入，没有收入就会陷入持续贫困的恶性循环。宜宾市创新政府财政投入方式和路径，探索实行了“五补五改”模式，有效释放了财政资金活力，吸引了社会资金参与，既确保了财政资金不流失，又增加了脱贫投资新保障。

第七章

智库“猫眼”看宜宾

在本章开始，先解释一下此处为何使用“猫眼”一词。此处的“猫眼”就是指猫的眼睛。猫眼具有显著的特征，比如具有超级强大的夜视能力，微弱的光亮就足够它们觅取猎物；对物体的形状、方位、方向等方面的感知，人类无法精准地模拟；猫眼中有个“反光镜”，有层薄膜在视网膜的后面反射光线，这使眼睛看起来非常亮。猫眼的引申含义：人看人是同类间的关系，只是你和我，没有第三者，猫是另一个物种，用它的眼光看人就拥有了第三者的意味。一般双方解决问题时都需要有第三者来见证，这样的说法是表达客观公正的意思。为什么选猫呢？因为猫的视力在哺乳动物中是较为敏锐的。所以，猫眼便可以引申为用第三者敏锐的眼光进行客观公正的评价与分析。

怎么有“六个宜宾”

在全国城市建设中，宜宾的改革发展举措具有显著特色与典型价值，多个方面的建设思路和发展措施可以作为城市建设的典型案例。有不少学者、研究机构到宜宾进行调研与分析。在本章中，我通过对相关资料进行选取和整理，展现了战略分析与政策设计视角下的宜宾。

本章主要从六大方面展现宜宾的内涵、风采与前景，即“六个宜宾”：域心宜宾、生态宜宾、产业宜宾、旅游宜宾、科教宜宾、开放宜宾。

专家有话说

在全国城市建设中，宜宾的改革发展举措具有显著特色与典型价值，我经过高度概括，从六大方面展现宜宾的内涵、风采与前景，即“六个宜宾”：域心宜宾、生态宜宾、产业宜宾、旅游宜宾、科教宜宾、开放宜宾。

域心宜宾：从区域中心城市建设的视角来看，当地政府和人民在努力把宜宾建设成为经济兴盛、政治清明、文化繁荣、社会和谐、生态优美、人民富裕的川南区域性中心城市、四川经济副中心、成渝经济区发展第三极、西南经济发展第五极。

生态宜宾：作为三江汇流、山水相依、植被茂密、风光旖旎的“万里长江第一城”，宜宾必须扛起“守住一江清水”的政治责任，坚定不移地践行绿色发展理念，全力构建长江上游重要的生态屏障，建成宜居、宜业、宜游的幸福美丽城市。

产业宜宾：宜宾有2200多年建城史、3000多年种茶史、4000多年酿酒史，是古代南方丝绸之路、茶马古道的重要驿站，也是世界茶叶的发源地之一，还是中国早茶之乡、川红工夫故里，是国内外著名的“中国白酒之都”。近几年，传统特色优势产业改造提升进程加快，战略性新兴产业高速增长，逐步成为引领宜宾工业增长新引擎。上述产业为宜宾发展提供了扎实的产业基础。

旅游宜宾：宜宾大力发展现代旅游业，加快重点景区景点打造，深化文旅互动，加强旅游配套设施建设，努力建设与国际接轨、设施优良、服务一流、环境优美的现代旅游强市，加快建成区域性国际旅游度假中心。重点是做响大酒都、大竹海、大石海三大品牌。

科教宜宾：宜宾的产业发展亟待通过科技创新增强内生动力，而教育、科技、人才日益成为宜宾实现跨越发展、建设四川经济副中心的短板。宜宾市委、市政府全力补齐科教短板，作出建设宜宾大学城和科技创新城重大部署。中国人民大学、同济大学、哈尔滨工业大学、电子科技大学、西华大学等高校纷纷入驻，发展势头强劲。

开放宜宾：宜宾开放具有多种国家战略叠加优势，是国家推进“一带一路”建设、长江经济带发展、新一轮西部大开发、自贸试验区建设等多个国家战略、倡议的综合受益者。宜宾是川滇黔接合部区域中心大城市，长江黄金水道的起点，南丝绸之路的重要节点，长江经济带和“一带一路”交会城市，四川东向水路南向陆路开放通道战略支撑体系节点城市。宜宾正利用多种战略和优势，打造高水平的内陆开放高地。

域心宜宾：多维区域中心城市的最佳选择

这里先解释一下“域心”的含义，域心即区域中心。

（一）宜宾应成为多维的区域中心城市

建设区域中心城市已成为国家、四川对宜宾的殷切期望。《成渝城市群发展规划》提出宜宾是成渝城市群沿江城市带和川南区域中心城市，川南人口主要聚集地。《四川省城镇体系规划》提出宜宾是沿长江城镇发展带和达南内宜城镇发展带的交会点，川南城市群中心城市，预计2030年人口达到100万~300万。《长江经济带发展纲要》确定宜宾是长江经济带的重要节点。《国务院关于依托黄金水道推动长江经济带发展的指导意见》将宜宾列入重点港口建设城市。围绕建设“川南区域中心城市”的目标，四川省委省政府更是提出了“重点构建装备制造业产业集群、战略性新兴产业集群、泸州—宜宾—遵义白酒金三角加工基地、旅游商务休闲产业集群，临港产业、特色产业和现代物流基地”等具体要求。城市区域地位的提升将使宜宾的城市等级和中心性不断加强，建设区域中心城市则是国家和四川在区域发展角度对宜宾的要求，更是宜宾带动周边地区发展的责任担当。近期，关于四川经济副中心的建设，对宜宾的呼声很高。

2018年4月12日，四川省委书记彭清华在学习贯彻习近平总书记新时代中国特色社会主义思想和习近平总书记对四川工作重要指示精神读书班上的重要讲话中深刻指出，四川是个大省，只靠一个成都不行，必须重视区域协调发展。发展路子该怎么走？大家齐步走，既不现实，也无可能，还是要遵循经济发展规律，充分考虑自然条件、发展基础、经济地理等因素，结合主体功能区划分来进行总体布局。在支持成都做大做优做强的同时，按照差异化发展要求，打破行政区的壁垒，在成都周边和川东北、川南地区着力打造几个各具特色的城市群，培育几个具有一定带动力的区域性经济中心城市，形成一干多支的发展格局。彭清华书记的重要讲话精神指明了四川优化区域布局的新方向。宜宾地处四川、云南、贵州三省接合部，金沙江、岷江、长江三江交汇处，区位特殊，经济地理优势突出，作为四川南向开放“桥头堡”和川南经济区第一经济大市，具备建设省域经济副中心的条件和基础。

从区域中心的视角来看，当地政府和人民在努力把宜宾建设成为经济兴盛、政治清明、文化繁荣、社会和谐、生态优美、人民富裕的川南区域性中心城市、四川经济副中心、成渝经济区发展第三极、西南经济发展第五极。

（二）建设省经济副中心的优势

1. 从交通区位看，宜宾是建设四川经济副中心的最佳选项

区位优势明显。宜宾地处川滇黔三省接合部，与成都、重庆、昆明、贵阳等地的距离都在 300~500 千米，正好处于四大城市的几何中心位置，可构成多层次发展的黄金成长三角区，北向与乐山、自贡、内江，东向与泸州，南向与毕节、遵义、昭通，西向与凉山、攀枝花相邻，是川南地区辐射方向最密、范围最广、人口最多的地级市，具有辐射吸纳川滇黔接合部区域 9 个地级市 5000 余万人的独特优势。

比较优势突出。宜宾作为长江黄金水道的起点、南丝绸之路的重要节点，是63个全国性综合交通枢纽、50个全国铁路枢纽、66个全国区域级流通节点城市之一，是国家“八纵八横”高铁网中“京昆”“兰广”两大重要通道的交会点，是四川除成都以外，交通优势最为明显的城市。到2020年，宜宾将形成至成都、贵阳的1小时交通圈，至西安、兰州、珠三角的5小时交通圈；到2023年，增加至重庆、昆明的1~2小时交通圈和至长三角、北部湾的7小时交通圈，成为四川出川的“南大门”和通江达海的“桥头堡”。

战略地位独特。加快构建以宜宾为枢纽节点的交通运输大通道，向北可通过成宜高速公路连接成都平原经济圈，通过中欧班列网络融入新亚欧大陆桥经济走廊；向东可依托长江黄金水道发展多式联运，全面融入长江经济带；向西可通过宜西铁路、宜攀高速公路连接攀西战略资源创新开发试验区，经大理、瑞丽连接东盟自贸区至缅甸皎漂港，衔接21世纪海上丝绸之路；向南可通过成贵铁路经贵阳、广西进入珠三角经济圈和粤港澳大湾区，通过渝昆高铁经昆明连接孟中印缅经济走廊和中国—中南半岛经济走廊，形成南北呼应、东西连接、完整闭环的“丝绸之路经济圈”。与此同时，我们经过初步分析论证，认为在四川南向通道潜在路径中，由成都—内江—宜宾—六盘水—红果（贵州盘县）—百色—南宁—钦州港，比现有的“蓉桂马”通道缩短384千米，是目前最佳选择；成都—宜宾—西昌—大理—瑞丽—缅甸皎漂港通道，是未来西部地区进入印度洋的最佳出海通道。

交通体系完备。宜宾铁公水空立体交通体系配套，正加快建设“四高七普一枢纽”铁路网（成贵铁路、渝昆高铁、蓉昆高铁和川南城际铁路4条高速客运铁路，内昆铁路、宜珙铁路、金筠铁路、隆黄铁路、沿江铁路、筠盐铁路、珙叙铁路7条普速运输铁路，全国重要地区50个铁路枢纽之一和四川省铁路枢纽次中心）以及“一绕九射”高速公路（绕城高速，宜宾至乐山、宜宾至成都、宜宾至内江、宜宾至泸州、宜宾至叙永、宜宾至彝良、宜宾至水富、宜宾至攀枝花等对外出口放射状高速公路）。已开通全国17个城市的空中航道，是川滇黔区域的航空桥梁。有四川最大的内河综合枢纽港——宜宾港，是国家规划的长江上游航运物流中心、长江6大重要枢纽港之一，长江航道1500吨级船舶常年昼夜通航、丰水期可达8000吨以上。其中，宜宾还是西南地区所有地级市中唯一一个布局落地动车所和高铁快运基地的城市，作为四川南向开放大通道体系战略支撑点的优势将更快彰显和释放。预计铁路枢纽建成后，宜宾客流量达到3500万人次/年，货运总量达到2100万吨/年，在全省将仅次于成都。预计高铁快运基地建成投用后，宜宾高铁快运货运总量将达到5000万件/年。

2. 从经济发展看，宜宾拥有建设四川经济副中心的坚实基础

综合实力较强。经济总量自2000年以来一直位居四川第四位和川南第一位。2017年宜宾生产总值1847.23亿元；一般公共预算收入居四川第三位、川南第二位，其中税收收入居四川第二位、川南第一位。

产业体系完备。经过多年的建设，以酒类食品、综合能源、化工轻纺、机械制造等为代表的传统优势产业体系，以智能终端、汽车、轨道交通为代表的新兴产业体系基本形成，智能终端、轨道交通已列为四川重点产业基地。到2020年，宜宾智能终端产业将实现总产值1000亿元以上；汽车产业实现总产值500亿元以上，其中新能源汽车整车总产值达到 100 亿元左右；轨道交通产业实现总产值 70 亿元；通用航空产业力争实现总产值 100 亿元；形成页岩气产能 70 亿立方米 / 年，实现总产值 150 亿元。

企业运行良好。2017 年年底有规模以上工业企业 719 户，居四川第五位、川南第一位。全年实现规模以上工业总产值 2447.7 亿元，居四川第五位、川南第一位；规模以上工业利润总额 257.2 亿元，居四川第二位、川南第一位。宜宾 87 户国有企业实现营业收入 1180 亿元、增长 15.5%，利润总额 155.2 亿元、增长 40.4%，利税总额 243.9 亿元、增长 37.7%，创近几年来最好水平，3 项指标均居四川第一。特别是随着智能终端、汽车、轨道交通三大产业快速发展，2018 年第一季度宜宾 8 大高端成长型产业增加值增长 25.6%，其中智能终端产业增加值增长 1368.2%。

发展平台丰富。在四川率先实施工业园区总体发展规划，宜宾已建成 13 个重点工业园区，园区累计建成面积 44 平方千米，入驻企业 700 余户。有以“临港”命名的国家级经济技术开发区，国家级新型工业化产业示范基地 1 个（五粮液产业园区），省级新型工业化示范基地 5 个（五粮液产业园区、罗龙工业集中区、江安县工业园区、长宁县工业园区、盐坪坝产业园区），四川重点发展园区 4 个（五粮液产业园区、临港经济技术开发区、罗龙工业集中区、江安县工业园区），四川首批特色高新技术产业化基地 1 个（临港经济技术开发区）。宜宾港 2018 年正式获批国家临时开放口岸，海关、商检等口岸机构齐备。宜宾是世界银行咨询报告确定的 21 世纪长江流域最具开发投资价值的 25 个城市之一。

资源富集配套。能源矿产方面，拥有已查勘核实煤炭资源储量 53.68 亿吨，保有资源储量达 43.6 亿吨，分别占四川的 39.3% 和 36.3%；

天然气400亿立方米，页岩气探明储量超过2万亿立方米，是国家规划的大西南页岩气勘探开发先导试验区的核心区；可开发水能资源716万千瓦；硫铁矿储量15亿吨。农业方面，2017年宜宾茶叶产量6.33万吨，居四川第二位；茶叶出口额1100万美元，居四川第三位；现有竹林面积312万亩（约2080平方千米），居西部第一位。旅游方面，拥有世界级、国家级、省级风景名胜34处，蜀南竹海、兴文石海等景区驰名中外。宜宾是中国优秀旅游城市、中国最佳文化生态旅游城市、四川新五大精品旅游区之一。

3. 从城市建设看，宜宾具备建设四川经济副中心的良好条件

历史传承方面。宜宾历来是川南重镇、西南地区重要的物资集散地，素有“填不满的叙府”之说。1950年，设立川南区宜宾专区，专员公署驻地就在宜宾，当时宜宾就是川南的经济、行政、文化中心。

承载能力方面。森林覆盖率达到45.8%，是长江上游生态屏障的重要支撑。宜宾是四川唯一同时开展城市总规和历史文化名城保护规划修编、土地利用总体规划修编试点的地级市。通过本轮规划修编，必将为建设四川经济副中心预留足够的空间。

发展态势方面。2016年以来宜宾城市发展非常迅速，城镇化率年均提高2个百分点左右。2017年，全年完成供地3.26万亩（约21.73平方千米），其中中心城区供地1.56万亩（约10.4平方千米）、增长171.9%。中心城区完成建设投资184亿元、增长32%。

辐射吸纳能力方面。宜宾教育、医疗、商贸等配套完善。2017年宜宾社会消费品零售总额居四川第四位、川南第一位，服务业增加值居四川第六位、川南第一位。特别是随着智能终端、汽车、轨道交通等高端成长型产业快速发展，大学城、科创城建设快速推进，宜宾城市规模还将迎来一个爆发增长期。因此，不管是以前还是现在、将来，宜宾在川南地区都有着独特的、不可替代的地位和作用。

另外，宜宾在国家和四川省重大规划中的定位如表 7-1 所示。

2010—2017 年，国家、四川省 10 个规划、文件、报告中对宜宾进行了定位。具体情况如下。

表 7-1　　宜宾上位规划定位对比一览表

时间	规划、文件名称	宜宾定位
一、国家级规划、文件		
2010 年 4 月	世界银行咨询报告	21 世纪长江流域最具投资价值的 25 个城市之一
2014 年 9 月	国务院印发《长江经济带综合立体交通走廊规划（2014—2020 年）》	全面推进长江干线航道系统化治理，上游重点实施重庆至宜宾段航道整治工程，研究论证宜宾至水富段航道整治工程
2015 年 6 月	国家商务部等 10 部门联合印发《全国流通节点城市布局规划（2015—2020 年）》	四川仅绵阳、达州、南充、宜宾 4 市入选全国 66 个区域级流通节点城市
2015 年 8 月	中国铁路总公司计划统计部印发《关于开展铁路枢纽总图规划研究工作的通知》	重点安排 50 个铁路枢纽（地区）进行规划研究，包括 31 个直辖市、省会城市枢纽，5 个副省级城市枢纽，14 个重点地区枢纽。其中明确把宜宾作为全国 50 个重点地区枢纽，且宜宾是川滇黔渝唯一一个入选的地级市
2016 年 6 月	《发展改革委下发关于建设长江经济带国家级转型升级示范开发区的通知》	将宜宾临港经济技术开发区定位为长江经济带转型升级示范区，全国 33 个，四川 3 个（另外两个是资阳经济开发区和泸州高新技术产业开发区）
2016 年 9 月	党中央、国务院联合印发《长江经济带发展规划纲要》	明确将宜宾港定位为优先发展的重要港口和航运物流中心

续表

时间	规划、文件名称	宜宾定位
2017年2月	国务院印发《“十三五”现代综合交通运输体系发展规划》	综合交通枢纽布局分为3类：国际性综合交通枢纽、全国性综合交通枢纽、区域性综合交通枢纽及口岸枢纽。明确推进泸州—宜宾等（其中金华—义乌、酒泉—嘉峪关为两市共建）全国性综合交通枢纽建设，优化中转设施和集疏运网络，促进各种运输方式协调高效，扩大辐射范围
二、四川省战略定位		
2013年4月	四川省政府印发《四川省主体功能区规划》	明确以宜宾、自贡、泸州、内江等区域性中心城市为核心，推动宜宾老工业基地城市振兴发展，支持泸州资源枯竭型城市可持续发展
2014年11月	四川省印发《四川省物流园区发展规划》	在资阳、内江、自贡、泸州、宜宾等物流园区布局城市，建设机械制造、汽车制造、矿产品、化工、酒类等特色物流园区，依托泸州港和宜宾港，打造长江上游航运物流中心，辐射滇黔，形成连接长江经济带、通江达海的物流大通道
2016年9月	《四川省人民政府办公厅关于印发五大经济区“十三五”发展规划的通知》	将宜宾都市区建成川滇接合部长江上游区域中心城市

综上所述，宜宾在基础条件、比较优势、国家和四川省重大规划定位、潜在发展空间、引领和带动区域范围等方面都具有明显的优势，将宜宾确立为四川经济副中心，既有省域经济合理布局的迫切性和必要性，也有现实可行性，更有着广阔的发展前景和巨大的发展潜力。

（三）全速走向中心城市目标

宜宾对省经济副中心、区域中心和发展极的建设高度重视，采取切实措施大力推进。制定了明确的阶段目标、建设路径、政策举措等行动方案。

经过初步测算，可以考虑分阶段、分步骤实现建设目标：

第一阶段，到2020年，宜宾经济总量突破2400亿元，现代化产业体系框架基本形成，主城区人口超过160万，面积超过160平方千米，城市空间扩展为一个主中心、多个市级副中心的川南区域性中心城市。初步具备四川经济副中心的引领和带动能力。

第二阶段，到2025年，宜宾经济总量突破3500亿元，主城区人口超过230万，面积超过250平方千米，随着成宜高速、蓉昆高铁、渝昆高铁等相继开通，宜宾基本建成全国性综合交通枢纽，辐射和带动能力显著增强，基本建成川南核心增长极和四川经济副中心。

第三阶段，到2030年，宜宾经济总量达到5000亿元，主城区人口超过280万，面积超过300平方千米，基本建成现代化经济强市，城市能级和影响力显著提升，成为名副其实的四川经济副中心、川滇黔接合部的区域经济中心和成渝经济区发展第三极、西南经济发展第五极。

规划与设计了八大建设路径：一是建成全国性综合交通枢纽，打造陆海内外联动、东西双向互济桥头堡；二是加快形成现代化产业体系，提升产业极化和辐射效应；三是构建区域性开放合作平台，争取建设国家级新区和长江自由贸易经济带；四是构建现代市场体系，畅通现代商品和要素集聚流动，提升辐射吸纳能力；五是做强做大“双城”建设，筑牢科技创新和人才支撑；六是建设现代新城，打造新产业、新业态、新模式载体；七是坚持绿色发展，增强可持续发展能力；八是优化营商服务环境，激发市场活力，支持实体经济发展。

生态宜宾：担当长江上游生态屏障的重要使命

（一）独特的生态屏障使命

建设生态文明是中华民族永续发展的千年大计，绿色是现代社会文明进步的重要标志。党的十九大报告提出“建设美丽中国，为人民创造良好生产生活环境”，对生态环境保护和生态文明建设进行了全面总结和重点部署。党的十九大报告从推进绿色发展、着力解决突出环境问题、加大生态系统保护力度、改革生态环境监管体制四个方面，对生态文明建设和生态环境保护进行部署，并提出加快建立绿色生产和消费的法律制度和政策导向，打赢蓝天保卫战，划定并严守三大控制线，推动形成绿色发展方式，构建各方共同参与的环境治理体系，设立国有自然资源资产管理和自然生态监管机构等一系列新举措。这为未来生态文明建设和环境保护工作提供了行动指南。

2018 年 2 月来四川视察时，习近平总书记要求：要牢固树立和践行绿水青山就是金山银山的理念，把建设长江上游生态屏障、维护国家生态安全放在生态文明建设的首要位置，充分绽放四川独特的自然生态之美、多彩人文之韵，谱写美丽中国的四川篇章。2018 年 4 月，四川省委书记彭清华指出，“天下山水之观在于蜀”，四川是长江上游最重要的生态屏障和水源涵养地，在维护国家生态安全中肩负重要使命。生态环境经不起折腾，要像保护眼睛一样保护生态环境，坚定不移走生态优先绿色发展之路，让巴蜀大地天更蓝、地更绿、水更清，肩负起谱写美丽中国四川篇章的时代重任。习近平总书记的重要指示和彭书记的重要讲话充分阐明了生态文明建设和绿色发展的极端重要性，更为宜宾的生态文明建设和绿色发展指明了方向。

作为三江汇流、山水相依、植被茂密、风光旖旎的“万里长江第一城”，宜宾必须扛起“守住一江清水”的政治责任，坚定不移地践行生态绿色发展理念，统筹解决好保护与开发的矛盾，实现在“共抓大保护、不搞大开发”背景下的绿色高效发展，全力构建长江上游重要的生态屏障，建成宜居、宜业、宜游的幸福美丽城市。

（二）已有的生态建设成效

1. 谋划“绿色布局”，形成“一张蓝图绘到底”的战略部署

2015 年 12 月，宜宾市委、市政府出台《中共宜宾市委关于加快建设绿色宜宾的决定》，明确绿色宜宾建设的指导思想和目标任务，决定实施绿色宜宾十大行动计划。2016年，宜宾市委、市政府公布《关于进一步推进绿色发展建设美丽宜宾的决定》，进一步宏观规划了宜宾未来绿色发展示范市蓝图。为深入推进宜宾市绿色发展，相关部门先后编制了《绿色宜宾发展规划》《宜宾市建设长江上游绿色生态市规划纲要》《宜宾市环保产业发展规划》《宜宾市加快生态工业园区建设实施方案》《宜宾市“十三五”节约能源规划》《宜宾市“十三五”循环经济发展规划》等，逐步形成“一张蓝图绘到底”的绿色发展工作格局。

2. 做好“绿色加法”，生态系统服务功能不断增强

结合建设生态宜宾、绿色宜宾和创建国家森林城市，实施城市森林、农村森林、水系森林、通道森林、种苗基地五大森林工程和大规模绿化宜宾行动，率先于四川开展了城市20余座山体的生态修复，成功创建“国家森林城市”，生态县（区）创建率位列四川第一，生态县（区）创建率100%，成功创建生态乡镇83个，生态小区131个，生态村1750个。2017年年底，宜宾森林面积达913.3万亩（约6089平方千米）、活立木蓄积达2188万立方米、森林覆盖率45.83%，中心城区绿化覆盖面积达4000余公顷（约40平方千米），95%以上的珍稀物种得到有效保护。

3. 打响“绿色战役”，环境质量持续改善

狠抓大气、水、土壤、机动车污染防治，固体废物管理，有序推进饮用水水源地保护工作，大力推进总量减排。采取“清单制＋责任制”运行模式，建立并严格执行“周调度＋周通报”“挂账销号制”等工作制度，确保中央环保督察交办案件真整改、实整改、高质量整改，各项整改工作名列四川前列，圆满完成了环境保护督察各项目标任务。2017年宜宾三江九河Ⅰ～Ⅲ类水质断面比例100%，其中达到或优于Ⅱ类水质断面比例占67%。金沙江干流、长江干流水质持续改善，化学需氧量、氨氮、总磷浓度显著下降；县级以上城市集中式饮用水水源水质实现全面达标，乡（镇）集中饮用水水源地达标率大幅提升。2017年中心城区环境空气质量优良天数比例71.5%，细颗粒物（PM2.5）、二氧化硫（SO_2）浓度下降明显，酸雨频率显著下降，已退出国家二氧化硫和酸雨控制区。

4. 发展“绿色经济”，新旧动能加速转换

对火电、建材、造纸、轻工、电石、炼铁、化工、焦炭、纺织、电子 10 个行业 72 户企业的高耗能、高污染落后产能进行淘汰，通过直接关闭、兼并重组关闭淘汰各类小煤矿矿井 88 个，淘汰落后产能 841 万吨 / 年；大力发展第三方商贸流通业、信息服务业、金融服务业、科技服务业、商务服务业等现代服务业，深入推进循环经济示范试点，加快发展战略性新兴产业，2016 年宜宾第三产业增加值 260.88 亿元，增长 9.5%。

5. 构筑“绿色体制”，体制机制不断健全

完善协调机制，成立以市长为组长的宜宾生态市建设领导小组、宜宾重点流域水污染防治领导小组、宜宾节能减排及应对气候变化领导小组等工作机构，并成立了宜宾环境保护委员会，明确了部门工作职责和工作协调机制。建立考评机制，市政府每年与各县区政府、部分重点企业签订年度环境保护工作目标责任书，对目标任务的完成情况实施严格的考核，并由市委办、市政府办发布考评结果通报。建立投入机制，2004 年起设立宜宾市级自然生态环境保护专项资金，并逐步增加，2017 年资金规模调增到 1000 万元，该专项资金实施 10 多年来，已对 259 个项目进行了支持，共安排专项资金 5150 万元，并带动和拉动地方配套资金投入 5 亿元。

（三）未来的生态建设谋划

1. 清醒认知生态屏障建设的历史重任

宜宾地处长江上游，是“万里长江第一城”，“三江九河”（金沙江、岷江、长江；越溪河、箭板河、长宁河、南广河、黄沙河、横江河、西宁河、宋江河、古宋河）纵贯全境，是中国水资源保护核心区之一，长江上游珍稀特有鱼类国家级自然保护区的核心区，既肩负筑牢长江上游生态屏障的历史使命，又直面转型发展的重大挑战，生态屏障建设的高要求与资源开发的强冲动，决定了生态屏障建设任重而道远。

尽管宜宾生态底子较好，但生态环境保护仍需持续发力。宜宾夏无酷暑，冬无严寒，热量丰足，雨量充沛，光照适宜，自然生态环境良好，区域内环境要素的承载力和生态服务功能较强。另外，进入新时代后，很多人开始追求生活质量，开始从“求生存”“盼温饱”向“求生态”“盼健康”转变，对生态环境质量的需求日益增强，因此生态环境保护仍需持续发力，生态环境保护工作需要继续加强。

宜宾特色生态资源富集，绿色发展能力提升空间大。宜宾地处川滇黔三省接合部，是长江经济带西延最为理想的生长点和增长极，金沙江水电梯级开发最理想的依托城市，酿酒专用粮基地在全国“白酒金三角”区域中规模最大，茶园规模据四川第一位，蚕桑规模、产量、产值均排四川第二位，早春蔬菜和秋延后蔬菜在四川具有独一无二的错季优势，林业综合开发利用潜力巨大，2017 年全年实现地区生产总值 1847.23 亿元，居四川第四位，川滇黔接合部第一位。虽然基础实力较好，但需要在产业体系、市场机制、协调发展、开放程度等方面加大挖掘宜宾绿色发展的潜力。

2. 生态优先、绿色发展，持续筑牢长江上游生态屏障

宜宾是国家长江经济带战略的重要组成部分，必须坚持生态优先、绿色发展，共抓大保护、不搞大开发，以提高质量效益为中心，以永续发展为取向，以绿色产业为支撑，以严守生态环保红线为底线，以培育绿色文化为追求，以安全、健康、和谐、美丽、幸福为目标，加快建设具有发达绿色经济、优美城乡环境、宜人生态人居、繁荣生态文化、人与自然和谐相处的长江上游绿色发展示范市，持续筑牢长江上游生态屏障，推动长江经济带发展，让中华民族母亲河永葆生机活力。

3. 提升人民群众获得感、幸福感，大力推进生态环境质量改善

坚决打赢蓝天保卫战，着力推进水环境防治。宜宾地理位置特殊，是长江首城，水环境质量事关整个长江流域，事关国家发展战略的黄金水道，事关沿江城市用水安全，做好水污染防控是宜宾义不容辞的历史责任。

加快生态保护与修复。一是大力推进绿色生态系统保护。强化长宁蜀南竹海、屏山老君山国家级自然保护区、筠连大雪山和高县七仙湖生态湿地、兴文县石海地质公园、翠屏山森林公园等区域的生态保护与建设，大力保护宜宾长江段珍稀特有鱼类及其沿岸动植物，加强基础设施建设，提升监管设施、设备质量，加大濒危野生动植物保护和拯救力度，保护生物多样性，确保生态环境良好。二是大力推进生态市创建工作。深入推进实施《宜宾市生态市建设规划》，强力推动高县、筠连县、珙县、兴文县和屏山县通过省级生态县核查验收。三是严格管控生态红线。全面完成宜宾生态红线划定，印发实施宜宾生态红线管理办法，为“多规合一”和规划环评提供基础。要强化战略和规划环评刚性约束，切实对区域重大生产力布局发挥指导和规范作用，优化发展的空间布局，构建长江上游重要的生态屏障。新环评法已将空间管制、总量管控和环境准入作为评价成果的重要内容，要强化战略和规划环评刚性约束，提高项目环评效能，切实发挥规划和项目环评在预防环境污染和生态破坏中的积极作用。

大力建设幸福美丽宜宾。切实将绿色发展理念落实到城市建设上，将宜宾建设成为宜居、宜业、宜游的幸福美丽城市。一是着力打造“山水公园城市”。宜宾山水资源丰富，历史文化悠久，如何正确分析、处理好山、水、城、人的关系，用好、用足山水资源，挖掘文化内涵、展现地域特色是关键。要充分利用三江汇聚、众山环绕的独特地理地貌特色，依托三江六岸和自然山体，落实“拥江发展、依山而建”的理念，在城市规划上凸显亲水性和依山性，形成“城在山水中、山水在城中”的空间结构，让山水与城市交相辉映。要尊重自然山水环境，不随意破坏城市与山、水环境的有机联系，不随意改变原有的地形地貌，让城市与自然和谐融合。要合理规划建设城市绿地系统，在城市重要空间布局生态湿地、公园绿地和休闲广场，推动湿地公园、山体公园、绿廊绿道等具有地域景观文化特色的山水园林建设，全力构建“山水公园”城市。二是以“城市双修”改善城市生态环境。加快推进供排水管网改造、垃圾处理及收运系统建设，补足市政基础设施短板，提升城市治理能力；恢复山体自然风貌、开展水体治理和修复、完善绿地系统、推进生态园林城镇建设；完善公共服务设施配套、大力改善城市交通、增加城市公共空间、改造老旧小区，提高公共服务水平；开展重要通道、重大节点沿街建筑立面外墙装饰改造，提升城市的良好形象。同时，积极开展海绵城市和综合管廊城市建设，综合采取“渗、滞、蓄、净、用、排”等措施，最大限度减少城市开发建设对生态环境的影响，让人民群众在良好的生态环境中生产和生活，切实增强人民群众的获得感、幸福感。

4. 变绿水青山为金山银山，不断增加经济体系的绿色化程度

不断壮大绿色工业。一是加快传统产业绿色化改造。继续加快推进淘汰落后产能，加强能效考核和监察，推动企业不断提升产业技术水平、淘汰落后产能和设备，推进实施生态示范项目建设规划，加快对传统产业实行智能化改造、清洁生产改造、绿色制造改造，进一步推进工业生态化进程，推动产能过剩行业企业实施兼并重组、产能转移、转产升级，遏制低端产能盲目扩张和低水平重复建设。二是做强、做大低碳循环产业。科学发展清洁能源产业，加快水电能源、载能与蓄能产业发展，重视煤页岩气开发利用、新能源和可再生能源开发等，全产业链开发利用页岩气，建成全国重要的页岩气生产基地，着力打造全国重要的特高压中心、国家级页岩气示范区、将宜宾建设成为四川能源综合开发深度利用基地；优先发展节能环保产业，有效整合区域内现有企业技术优势，加强与国内外科研院所、行业龙头企业深度合作，重点发展节能技术产品和装备、资源综合利用技术产品和装备、环保技术产品和装备和节能环保技术服务等，推进优势特色节能环保产业加快发展。

加快发展绿色农业。推进种养结合、农牧结合、养殖场建设与农田建设结合，按照生态承载容量，合理布局畜禽养殖场，推广农牧结合型生态养殖模式，加快发展循环农业，大力发展健康畜牧业，推动水产业向健康养殖、休闲渔业、无公害绿色水产转变，因地制宜加快发展休闲观光农业和乡村生态旅游。

继续推进绿色旅游业。实施绿色发展规划，明确宜宾旅游控制开发和严格生态保护的区域范围，加强对自然保护区内旅游活动的监管。强化旅游开发中生态环境规划和节能减排规划的重要作用，推进旅游全产业链进行生态化、低碳化设计，积极运用绿色科技、绿色产品、绿色能源，利用生态环境发展生态旅游业，将生态资源转化为经济资源。推动绿色技术开发应用。全行业、全过程和全方位地倡导绿色消费方式，引导游客低碳出行，引导企业实施绿色标准，引导游客树立绿色旅游价值观，培养游客绿色消费习惯。开展旅游资源的生态化开发，构建循环型旅游产业体系，提高旅游资源产出率，大力推广旅游循环经济模式和经验。

产业宜宾：夯实城市建设的产业之基

（一）“中国白酒之都”的酒产业

2017 年 1—12 月，宜宾规模以上白酒企业完成产量 72.97 万千升，同比增长 14.43%；主营业务收入首次突破千亿大关，达 1036.36 亿元，同比增长 14.45%；利润总额 160.00 亿元，同比增长 38.32%。主营业务收入、利润总额分别占宜宾规模以上工业的 40.00%、62.20%。

宜宾白酒产业发展具有突出的比较优势。

1. 区位生态优势

宜宾地处北纬 27°50′~29°16′、东经 103°36′~105°20′，位于青藏高原东侧和云贵高原北坡，是地球上最佳酿酒带。区域内雨量充沛，年降水量961~1187毫米；气候温和，年平均气温18.3~18.9℃；湿度大，年平均湿度74%；土壤保水性较强，含有对酒分子结构有益的微量元素“镍”和“钴”；“三江九河”穿流本区域；森林覆盖率达44.6%；这种独特的气候、土壤、水源“三位一体”的自然条件，特别适合白酒酿造微生物菌群生长，为白酒酿造提供了得天独厚、不可复制的生态环境。

2. 历史品质优势

宜宾是“中国白酒之都”“世界十大烈酒产区”，拥有4000多年的酿酒史和“独特多粮浓香型传统固态法酿造工艺”国家级非物质文化遗产，被联合国教科文组织及粮农组织认定为“在地球同纬度上最适合酿造优质纯正蒸馏白酒的地区”，拥有宜宾五粮液老作坊、红楼梦糟坊头老作坊两个被列入中国世界文化遗产预备名录的文化遗产。中国国际名酒文化节影响力逐年提升，成为区域性的专业盛会。宜宾是多粮浓香型白酒的主产区，“宜宾酒”荣获国家地理标志保护产品，其品质具有浓香甘爽的特点，是全国白酒浓香型和兼香型的调味酒生产基地。

3. 产业资源优势

白酒产业是宜宾的传统优势产业，形成了以五粮液集团为“干”，宜宾酒公司、叙府酒业、华夏酒业等十朵白酒金花企业为“枝”，安宁烧酒等一批小微企业为“叶”的产业集群，整体实力位居全国前列，对宜宾社会经济具有显著支撑作用。宜宾酿酒资源俱全，酿酒专用粮品种独特、品质优良；水源丰富，硬度低、酸度适中，是酿造白酒的上乘水源；劳动力资源丰富，成本较低。

4. 技术人才优势

宜宾是五粮浓香型白酒的发源地，经过历史的传承和发展，其独特的生产工艺技术不断完善，高新技术与传统工艺不断融合，形成了不少具有自主知识产权和难以复制的酿酒技术。四川理工白酒学院、宜宾学院、宜宾职业技术学院等，为宜宾白酒产业发展培养了各类人才。截至2017年年底，宜宾共有中国酿酒大师5人，中国首席白酒品酒师7人，中国白酒（工艺）大师7人，中国评酒大师4人，国家级白酒评委29人。

宜宾白酒产业为经济发展做出了突出的贡献。

1. 行业地位持续提升

2017年，宜宾白酒产业产量、主营业务收入、利润总额分别占四川同行业的19.59%、45.91%、60.72%，比2016年分别提高2.93个、2.12个、5.03个百分点；占全国同行业的6.09%、18.33%、15.56%，比2016年分别提高1.16个、3.18个、0.78个百分点。

2. 品牌打造再创佳绩

2009年，中国轻工业联合会、中国酒业协会授予宜宾“中国（宜宾）白酒之都”荣誉称号。2017年，中国酒业协会授予宜宾“世界十大烈酒产区”荣誉称号。

3. 行业标准领先全国

2017年12月，《多粮浓香型白酒生产企业良好行为规范》团体标准被列入国家工信部科技司2017年“百项团体标准应用示范项目”，是四川唯一、全国白酒行业唯一、全国市州级唯一入选项目。

4. 文化引领成效显著

“中国国际名酒文化节”的成功举办，取得了突出成效和广泛影响，获得行业的一致认同。

5. 科技支撑再添保障

2017年，四川理工白酒学院落户宜宾，中国酒业协会、五粮液集团公司与四川理工白酒学院合作，挂牌成立中国酒业协会中国白酒学院、中国白酒酿酒培训基地、五粮液白酒学院，在原有宜宾学院、宜宾职业技术学院基础上，为宜宾白酒产业科技支撑和人才保障奠定了坚实基础。

（二）三千年种茶史的茶产业

宜宾有2200多年建城史、3000多年种茶史、4000多年酿酒史，是古代南方丝绸之路、茶马古道的重要驿站，也是世界茶叶的发源地之一，还是中国早茶之乡、川红工夫故里、四川省内四大产茶区之一、川茶整体布局“三山一早”的特色早茶核心区。宜宾正利用多种优势做大做强现代特色茶产业。

1. 自然生态优势明显

宜宾地处川、滇、黔接合部，属四川盆地到云贵高原过渡带，地跨北纬27°50′~29°16′，紧靠茶树黄金纬度；地形呈西南高、东北低态势，海拔高度在236~2008米，宜宾适宜早茶生产的区域面积占总土地面积的65.3%，早茶生产资源非常丰富；宜宾属于亚热带湿润季风气候，低丘、河谷地带有南亚热带的气候属性，具有气候温和、热量丰足、雨量充沛、光照适宜、无霜期长、冬暖春早、四季分明的特点；年平均气温18℃左右，年平均降水量1050~1618毫米；年平均日照数为1000~1130小时，无霜期334~360天；常年在元月下旬至2月上旬即可开园采摘、批量上市，比省内其他茶区早7~15天，比华东、华中茶区早30~45天，因此，宜宾具有得天独厚的自然条件优势。

2. 历史文化积淀深厚

我国第一部地方志《华阳国志・巴志》(东晋・常璩)和世界上第一部茶叶专著《茶经》(唐・陆羽)明确记载，宜宾(古称僰道、戎州、叙府、义宾)是世界茶叶的发源地之一。据史书记载，周武王伐纣，建立周朝，当时宜宾的“僰王”率众入朝祝贺，所携带的贡品中就是茶叶，“自此，中原始知有茶”。秦开五尺道，宜宾茶的醇香，随着南丝绸之路和茶马古道马帮队伍的足迹，走进了欧亚大陆的城堡庄园。宋朝时，共设立8个买马场，用茶叶换取马匹，其中宜宾就有2个。可见，宜宾茶文化历史悠久长远。

3. 产业基础不断壮大

据统计，2017年年末，宜宾茶园规模居四川第一、干茶产量和综合产值居四川第二。成功创建全国首个省级出口茶叶质量安全示范市。现有市级以上茶叶龙头企业达29家，其中省级9家、国家级1家；年产值5亿元以上的企业1家，年产值1亿元以上的企业7家。有茶业专合社151个，其中国家级3家，省级19个。川茶集团、川红集团、早白尖茶业、乌蒙韵茶业、双星茶业、鹿鸣茶业等茶叶企业建成国内领先的现代化茶叶加工清洁化、连续化生产线，弘扬传统工艺，创新开发了优黑优红、冷泡茶、蜡梅花茶等新型茶品和系列花香茶，生姜茶等养生茶，形成了“长江首城、六茶共舞”的发展局面；同时，还创新研制了茶叶酥等茶食品，茶多酚香皂、面膜、洗面奶等衍生品，茶叶工艺衍生品等，不断延长加工产业链条，努力提高综合效益。

4. 品牌建设初见成效

宜宾拥有“三品一标”茶产品76个，其中，现有5个市级公共区域品牌，3 个地理证明商标，5 个有机食品认证产品，31 个绿色食品认证产品，9 个无公害农产品，有驰名商标 1 件、著名商标 15 件、知名商标 14 件。2015 年，在意大利米兰世博会上，“宜宾早茶”获得“百年世博·中国名茶金奖”、天府龙芽获得“百年世博·中国名茶金骆驼奖”；“宜宾早茶”地理标志品牌价值达 111.09 亿元，标志着宜宾茶首次进入中国名茶行列。特别是在 2017 年举办的首届国际（宜宾）茶业年会上，国际茶叶委员会授予宜宾为全球首个“世界著名茶乡”称号、授予川茶品牌促进会的“天府龙芽”为“世界名茶”称号；同年，“宜宾早茶”还在原农业部举办的首届中国国际茶叶博览会上获“中国茶叶优秀区域公共品牌”称号。在第二届国际（宜宾）茶业年会上，国际茶叶委员会又授予“宜宾早茶”为“世界名优绿茶”“川红工夫”为“世界名优红茶”、川茶品牌促进会的“天府龙芽”为“中国好茶”称号，进一步提升了宜宾茶叶在国际国内的市场知名度，增强了宜宾茶产业的市场竞争力。

5. 科技创新持续推进

成功申报以茶叶科技创新为主要建设内容的四川宜宾国家农业科技园区，川茶集团被国家发改委等部委联合授予全国茶行业唯一国家认定企业技术中心，成功创建了川茶产业技术研究院和川茶产业商学院，获得中国工程院院士、中国茶叶学会名誉理事长陈宗懋的“省级院士（专家）工作站”，成为四川茶业科技创新领跑者。同时，“乌蒙早”“宜早 1 号”“天府红 1 号”和“天府红 2 号”4 个新茶树品种已顺利通过省级茶树新品种审定，获得省市级科技成果 26 项，国家授权专利 53 项。

6. 茶旅融合蓬勃发展

弘扬挖掘茶文化，将宜宾本地茶文化与历史文化资源相结合，促进“园区变景区、茶园变公园、产品变礼品”的融合提升。重点培育和打造了环金秋湖现代特色早茶产业园、高县中国红茶第一庄园、珙县鹿鸣茶海、宜宾县天宫茶海、兴文县九龙山茶基地等茶旅综合体，并创新举办丰富多彩的茶旅活动，不断提高了茶叶三产融合发展的综合效益，拓宽了茶农茶企增收渠道。在2018年第七届中国（四川）国际茶业博览会上，高县大窝镇大雁岭“茶香花海”、翠屏区“茶园牧歌”、屏山县锦屏省级农业主题公园被评为“四川省十大最美茶乡”。

（三）势如雨后春笋的竹产业

宜宾自然条件优越，气候温和，土地肥沃，资源禀赋较好，有发展竹产业得天独厚的优势。

1. 竹资源种类多、面积大

宜宾位于四川盆地向云贵高原过渡地带，是全球最适宜竹类生长的地区之一，是四川乃至全国竹资源最富集的地区。至2017年年底，宜宾共有竹种39属、427种，竹林面积达312万亩（其中以楠竹、苦竹、方竹等为主的散、混生竹89.89万亩、占竹林面积28.77%；以硬头黄竹、慈竹、撑绿杂交竹、绵竹、箭竹等为主的丛生竹204.34万亩、占竹林面积的65.41%；其他未统计完全的竹种18.17万亩、占竹林面积5.82%），占宜宾面积的15.6%，占四川竹林面积的17.9%，占全国竹林面积的3%。已建成现代竹林基地158.1万亩，其中纸浆竹、材用竹基地105.1万亩，笋用竹林、笋材两用竹基地53.0万亩。

2. 竹加工门类广、体系全

宜宾竹加工产业已初具规模，形成了竹浆造纸、竹浆粕、竹纤维、竹笋加工、竹饮料、竹人造板、竹家具、竹工艺品等多门类的竹加工体系。至2017年，宜宾市有竹加工企业453家，其中规模以上企业35家，亿元以上企业3家，省级龙头企业8家，市级龙头企业8家，入驻园区企业8家，“三品一标”企业5家。按竹加工企业类型划分，有竹人造板企业11家，年产能49.1万立方米；竹家具加工企业199家，年产能519.7万件（套）；竹工艺品企业16家，年产能58.1万件（套）；竹浆生产企业4家，年产能6.5万吨；竹浆造纸企业7家，年产能28.32万吨；竹笋加工企业48家，年产能19.74万吨；其他类型的竹产品生产企业168家。

3. 竹文化底蕴深、历史久

历代诸多诗人曾诵咏宜宾竹，赋予了竹丰富的文化内涵。宋代诗人黄庭坚的《葛氏竹林留别》、赵遹的《题万松岭》、清代沈华的《游万岭箐》、当代曹禺的《蜀南竹海》以及蜀南竹海流传的“竹公神像的来历”等民间传说与故事，都赋予了宜宾竹丰富的历史文化底蕴。江安、长宁的竹编、竹雕技法繁多，更有独特的竹簧工艺，这些竹艺术品保留了中国传统书画的笔情墨韵，彰显了绝妙的艺术魅力，体现了文化和自然的和谐特质。此外，还有以全竹宴为主的竹美食、以竹根酒为首的竹美酒、以竹景观为背景的影视作品（如《卧虎藏龙》等），形成了新生代的竹文化产品。

4. 竹旅游景观美、潜力大

宜宾已建成以竹为主题的旅游景区9个，其中4A景区4个（蜀南竹海、僰王山竹海景区、七洞沟景区、西部竹石林景区），3A 级景区 3 个（常生 · 山水印象、藕花洲、龙蟠溪），2A 级景区 2 个（苦竹寺、禅海原乡景区），有蜀南竹海竹类专题博览馆 1 个。蜀南竹海凭借独特的自然资源，被誉为“竹的海洋”，先后被评选为“中国旅游胜地四十佳”“世界‘绿色环球 21’认证景区”“最具特色的中国十大风景名胜区”“中国最美的十大森林”。依托以蜀南竹海为代表的竹旅游景区，宜宾竹生态旅游康养业呈现总体上升趋势。

5. 竹经济增长快、势头好

至 2017 年，宜宾竹产业总产值 71.2 亿元，其中一产 21.3 亿元、二产 28.7 亿元和三产 21.2 亿元，一二三产比重分别为 29.9%、40.3% 和 29.8%。宜宾竹产业总产值占宜宾林业总产值（224.5 亿元）的 31.7%，占四川竹产业总产值（251.0 亿元）的 28.4%，占全国竹产业总产值（2319.9 亿元）的 3.1%。2017 年，宜宾竹区农民年人均从竹产业获得收入 608 元，占年人均从林业产业获得收入（1994 元 / 人）的 30.5%。

（四）强劲新兴的战略性新兴产业

宜宾的产业转型升级和战略性新兴产业的发展势头均比较强劲。

1. 新旧动能加速转换，转型升级持续推进

一方面，传统特色优势产业集聚发展，改造提升进程加快。2017 年，传统优势产业增加值同比增速 8.8%。白酒、纺织、化工等传统特色产业形成了以五粮液集团、丝丽雅集团、天原集团等龙头企业为引领、中小企业集聚的联动发展格局。另一方面，战略性新兴产业高速增长，逐步成为宜宾工业增长新引擎。2017 年，八大高端成长型产业增加值同比增速24.8%，其中新能源汽车、轨道交通、智能终端产业增加值同比增速18.2%。截至目前，智能终端产业建成和在建厂房400万平方米，招商引资智能终端企业138家，协议总投资421亿元，27户企业建成投产；年产15万辆的传统汽车和新能源汽车产业园正加快建设；四川中车铁投轨道交通产业项目落户宜宾，助推宜宾轨道交通产业加快发展。

2. 发展平台丰富，承载能力不断提升

拥有一个国家级临港经济技术开发区和12个工业园区，宜宾港正式获批国家临时开放口岸，海关、商检等口岸机构齐备，是世界银行咨询报告确定的21世纪长江流域最具开发投资价值的25个城市之一。2017年，对宜宾13个产业园区进行了科学的产业定位，奠定了园区之间错位发展、协同发展的良好基础。13个园区基础设施和公共服务设施已累计投资150亿元，已具备承接重大产业项目落地的良好基础。

3. 科技创新载体平台建设加速，产业创新能力增强

建成国家级精密模具与特种材料集成制造高新技术产业化基地，建成省市产业技术研究院8家、省级以上重点实验室8家、省级产业技术联盟4家，拥有省级以上农业科技园区7家（其中国家级1家），国家省级国际科技合作基地1个，各类创新载体和平台近400个。宜宾有高新技术企业53家，创新型企业76家（其中国家级1家、省级73家），省级以上企业技术中心40家（其中国家级7家），工程技术中心14个（其中省级3家）。高起点规划建设占地36平方千米的大学城、科创城与中国人民大学、电子科技大学等11所大学签订了战略合作协议，有6所签订了项目落地协议，建筑总面积17万平方米的四川理工白酒学院（一期）正式建成投用，白酒学院（二期）、西华大学宜宾研究院（一期）、电子科技大学宜宾研究院 2018 年 9 月将建成投运。未来 3~5 年，将新建成高等院校 3~5 所，新增在校大学生 3 万 ~5 万人，具备支撑先进制造业集聚集群发展的人才和智力保障。

旅游宜宾：做响“大酒都 · 大竹海 · 大石海”的现代化旅游都市

宜宾大力发展现代旅游业，加快重点景区景点打造，深化文旅互动，加强旅游配套设施建设，努力建设与国际接轨、设施优良、服务一流、环境优美的现代旅游强市，加快建成区域性国际旅游度假中心。参照国际相关评价标准，摸清宜宾的独特优势和现实差距，紧扣既定目标任务，做响大酒都、大竹海、大石海三大品牌，围绕三大品牌做亮三大产品体系，围绕三大品牌配套完善度假设施和提升度假服务水平，达到国际化水准。

（一）做响三大国际品牌、三大度假产品体系

1. 三大国际品牌

利用国家级和世界级旅游资源打造国际度假品牌，树立地域文化特色鲜明的旅游目的地形象，即“大酒都 · 大竹海 · 大石海”。

吸引进入成、渝、贵、昆的国际游客到宜宾来。2017 年成渝两地的入境游客量达到 660 万人次，这是一个巨大的市场。根据美国万事达卡发布的“全球旅游目的地城市指数”（每年一次，在全球 132 个目

的地城市游客量、消费、旅行费用等统计相关指标，进行最热门旅游城市目的地排名）中，2009—2016 年，中国成都客流量增长率以略低于大阪 24.15% 的速度，成为全球游客增长率第二的城市，成都在吸引入境游客方面优势明显。从入境游客来蓉主要目的可以看出，有 60% 以上的游客来蓉是参加商务活动，文化、体育、科技交流以及会议。近期的重要任务是吸引到成都的入境游客进入宜宾。

参加大型国际展会进行旅游形象推介。近期的主要任务地是成都、上海和广州。组织宜宾市重点旅游企业、优质旅游投资项目单位参加中国西部国际博览会（成都西博会）、上海世界旅游资源博览会（SWTF）、广州国际旅游展览会（GITF）等国际性旅游交易会，向国际参展商推介旅游产品，吸引外资和国际游客。

2. 三大度假产品体系

第一，围绕五粮液酿造技艺国家级非物质文化遗产做亮大酒都度假产品体系。第二，围绕具有世界意义的大竹海资源，做亮大竹海国际度假产品体系。第三，围绕兴文石海世界地质公园，做亮国际科考研学类旅游产品体系。

2017 首届中国休闲度假大会上，中国旅游协会与携程旅行网共同发布了《中国休闲度假发展报告》，休闲度假在整体旅游市场占比超过 50%；全球旅游正在由传统的观光旅游向以休息减压、放松身心为目的，以个人散客和家庭小团体为主、一地停留时间长、以个性化私人定制为特征、以大平台大 App 为渠道的休闲度假旅游转变。

在经济社会新常态的背景下，旅游业必须进行供给侧改革，而改革的实质是如何让供给变得有效，从而创新、创造、引领、满足多样化、多层次的旅游消费需求。宜宾市对此进行谋划：第一，在适度开发观光旅游产品的基础上，大力开发度假产品。度假产品是供给侧改革的核心，也是旅游度假发展的载体。要开发丰富多彩的旅游产品，拓展产品线长度、宽度、深度、关联度，创造品类众多、选择性强的有效度假产品组合，从总体上满足度假旅游者的不同需求。同时大力开发专项、特色旅游产品，如全包价度假产品 3 天 2 夜或 7 天 5 夜、夜间旅游产品、主题运动和康养产品、四季度假产品、亲子家庭度假产品、山地避暑度假产品、温泉养生度假产品、森林康养度假产品、生态旅游产品等。要根据旅游消费者的需求特点和旅游市场发展趋势，创新开发一些有特色、有创意且深受游客喜爱的旅游度假产品。第二，构建“养生天堂”休闲度假品牌。结合宜宾丰富的森林资源，发展森林康养度假旅游；在翠屏山森林公园、老君山森林公园、七星山森林公园、石城山森林公园、云台山森林公园等区域，结合植物精气养生、森林负氧离子养生等内涵，开发森林健康养生体验产品，打造 3~5 家国家康养旅游示范基地。传承和挖掘宜宾的酒文化和茶文化，发展酒文化养生旅游和茶文化养生旅游；充分利用五粮液、五粮春、柔雅叙府、鹿鸣茶海、金秋湖、蕨溪天宫山等酒文化和茶文化养生资源，发展酒文化和茶文化养生休闲度假旅游。对接国际标准，以温泉休闲度假为核心，开发中医康疗、养生运动、美容美体等配套产品，利用骑龙温泉、书楼温泉、巡司温泉、龙头氡温泉、蜀南温泉等发展特色温泉养生休闲度假产品。

（二）塑造与传播独特城市魅力与形象

"万里长江第一城"宜宾有2200多年的建城史、4000多年的酿酒史，是国务院命名的"中国历史文化名城"。宜宾要打响长江首城品牌，建设"华彩龙首"，凸显"万里长江第一城"的核心形象。

宜宾对此进行谋划：第一，宜宾老城区走景区化发展的路子。叙州古城连同李庄古镇、南溪古街，通过40千米的长江水上游线串联，一起创建国家5A级旅游景区。建设市域层级的旅游集散中心、信息咨询服务中心、智慧旅游中心。创建的同时注重度假设施的配套完善，如引进或提升五星级饭店的度假服务水平。第二，"万里长江第一镇——李庄古镇"。李庄古镇是中国历史文化名镇，"同大迁川，李庄欢迎，一切需要，地方供应。"这16字是李庄的精气神。文化景点重点包装推出旋螺殿、魁星阁、百鹤窗、九龙碑、禹王宫、东岳庙、祖师殿、栗峰山庄、古街巷、四合院、老酒窖11个节点。第三，围绕"南溪六夜"，提升南溪古街夜间度假氛围。古街建设坚持把南溪厚重历史人物文化与地方特色产品相结合，展现南溪特有的"水、古"两大自然生态优势，着力突出古街特色文化景观建设，"巷穿城，水穿巷"和"千栋千面，各有不同"的川南古街特色乐趣。夜游、夜练、夜宴、夜饮、夜购、夜宿，打造"南溪六夜"。宜宾至南溪半小时内到达，尚有4~6小时完整的休闲时间段，以餐饮为核心延伸更多娱乐消费住宿项目。晚间购物成交率较高，占全天营业额的40%左右。南溪古街带来的驻留客群，将构成持续性消费。

（三）提升设施和服务国际化

1. 度假酒店国际化

截至 2017 年，宜宾星级饭店 17 家、床位 3102 张；五星级饭店总数 4 家，3 家位于城区，1 家位于长宁竹海镇，另有 1 家五星级饭店正在筹建中。目前可提供的客房总数为 1118 间。主要提供的服务有接机（收费）、西餐、洗衣、商务会议、游泳健身等，同时，特色化和专业化服务仍需加强。宜宾对此进行谋划：第一，提升现有 4 家五星级饭店的专业化服务水平，达到国际水准。比如服务人员能使用英语口语交流、提供电视电话会议服务、提供多种类型的国际知名菜系等。第二，重点引入日韩、欧美、俄罗斯、泰国等为主的国际型品牌酒店集团。国际品牌度假酒店，如安缦酒店、悦榕庄酒店、六善酒店、安纳塔拉酒店、地中海俱乐部、半岛酒店、华美达酒店等；国际水准的度假酒店，如天域度假酒店、裸心谷度假村、红树林度假酒店、开元度假村、华天温泉村度假酒店、华侨城酒店等。第三，推进实施旅游分时度假理念。促进宜宾现有星级酒店加入 RCI（美国国际分时度假交换公司）等全球分时度假交换系统，并加强对分时度假酒店开发建设、销售等环节的严格规范管理。第四，定期发布《宜宾市旅游度假住宿业发展白皮书》。分析宜宾住宿业的发展态势和市场需求，引导旅游度假住宿业科学合理发展；引入国际酒店高端管理模式，开发主题度假酒店、改造提升传统酒店。

2. 餐饮设施国际品牌化

宜宾美食是旅游餐饮业发展的基础，宜宾菜肴是川菜的重要组成部分，丰富的物产和多元的文化相互融合，逐渐形成了具有宜宾特色的五大菜系，即河鲜宴、全竹宴、豆腐宴、乌鸡宴和苗家宴以及各类小吃和传统川菜，成为游客体验的重要环节。宜宾小吃久负盛名、种类繁多，据不完全统计，有100多个品种。宜宾旅游餐饮接待场所空间分布较为分散，以遍布各处的小吃、排档等中小餐饮企业为主，例如老城区的滨江路、鲁家园、南岸的好吃街等街道，大小露天排档营业，吸引部分游客。此外，宜宾20余处特色餐饮名店也是游客品尝宜宾美食的重要去处，目前餐饮名店主要集中在翠屏区。

宜宾进一步谋划：第一，创建世界“美食之都”。争取让宜宾加入联合国教科文组织“创意城市网络”，成为世界“美食之都”。第二，提升老字号餐饮品牌。依托宜宾燃面、李庄白肉、叙府仔姜鸭、养生燕麦烩竹荪、竹荪鱼豆花、土鸡蛋竹燕窝、僰乡头碗等特色名菜推出宜宾系列知名餐饮品牌，促进宜宾旅游餐饮、特色美食健康发展。第三，提升特色美食街区。在宜宾古城、蜀南竹海、兴文石海、李庄古镇等旅游集聚区，建设美食街、酒吧茶艺风情街、不夜城等餐饮服务集聚区，引进国内外著名餐饮企业和餐饮品牌，鼓励发展特色主题餐厅、主题酒吧、咖啡厅和茶艺馆，以便更好地服务于国际度假游客。第四，推广宜宾美食。推出“好吃在宜宾”品牌，塑造宜宾美食特色；多渠道多方式开展宜宾美食旅游宣传推广，积极举办美食节事活动，弘扬宜宾传统美食文化，彰显川南美食精华。

3. 旅游购物设施特色化

宜宾物产丰富，形成了种类较为丰富的旅游商品。其中备受欢迎的有中国名酒五粮液、南溪豆腐干、叙府茶叶、碎米芽菜、“娥天歌”鹅肉干、竹山珍、竹燕窝等地方特产，还有江安竹簧雕刻、苗族蜡染、竹根雕和竹编等旅游工艺品。宜宾现有叙府龙芽和温州商贸城两家旅游购物点，出售茶叶等商品；宜宾美好家园、叙府商城、沃尔玛购物广场（凯德广场店）、南岸莱茵春天购物中心、东方时代广场、唐人财富中心等大型购物场所，莱茵春天、珙县巡场镇步行街等特色商业街区为游客的日常购物提供了方便。

宜宾现有旅游商品存在特色不够明显、制造较为粗糙、品牌形象欠缺等问题。宜宾对此进一步谋划：第一，旅游商品品牌形象提升。依托宜宾地域文化、非物质文化遗产等，指导文化产业企业深度开发具有鲜明宜宾地域特点的文化旅游工艺品，组织企业参加业内相关展会、论坛，积极展示本地旅游纪念品研发、生产能力，提升行业的整体形象。第二，旅游购物场所建设。加快高端大型购物场所建设，并按国际、国家标准规范其建设标准及服务行为；围绕宜宾老城、蜀南竹海、兴文石海、李庄古镇等建设4~6处特色购物集中街区，并加强特色化、主题化植入。第三，国际购物便捷化。未来在五粮液国际机场、宜宾港、主要旅游街区以及入境游客较多的旅游景区，设立国际旅游购物商店，在规划建设中加强五粮液国际机场航站楼商业设施建设，进一步完善未来五粮液国际机场国际厅免税商店业态布局。

4. 度假服务水平国际化

休闲度假已发展成为国民经济最重要的消费形式之一，是旅游业中重要的组成部分，2016年有52.7%的游客将休闲度假作为出游目的，比例高于观光旅游，2017年休闲度假旅游在整体旅游市场占比超过50%。据全球化智库（CCG）与携程旅行网联合发布的《从出入境旅游看中国全球化发展》系列报告显示，“休闲度假、文化体验、自然探索、医疗养生”等入境旅游诉求成为新亮点。

国际一流的旅游度假地基本都有共性，优质的硬件条件和软件服务，是成功的必备要素。一流的旅游度假地，由宜人的气候、优美的风光、有魅力的文化、完善的服务、多元的娱乐和一流水平的服务等要素构成。而度假旅游的特征，也包括了访问地相对较稳定，停留时间较长，身心放松注重享受，多与亲人朋友同行，大多数是中高端消费以及重游率比较高等。所以，休闲度假的核心是能够真正地让心静下来，能够真正地休心、舒心、悦心和养心。也就是说，怎样能够更好地实现身心的愉悦和精神上的放松，更好地实现怡然、陶然、跃然、欣然的体验。这方面对未来度假旅游的发展，指明了方向、提出了要求。

宜宾对此谋划：第一，强化体制创新，提升宜宾城市国际化服务水平。大力推行国际通行规则，使宜宾各项经济、社会、文化、行政活动的组织结构、管理体制、运行方式等与国际通行惯例相协调、兼容和对接；力争在建立国际游客出入境和货物通关的便利机制、国际旅游项目自由落户的便利机制以及按国际通行规则办事的便利机制等方面取得实质性突破。第二，提升语言的可进入性，营造国际化城市氛围。以增强城市国际交往功能为主线，以窗口行业涉外服务为突破口，采取政府主导、部门牵头、专家咨询、公众参与等方式，开展“宜宾微笑”“全民英语”等活动，逐步提升市民通用外语认知率、外语出版物数量、外文媒体数量、外文公共标识率等指标，营造国际化城市氛围，提升国际化服务水平。第三，开展旅游国际化人才培养和专项研究计划。构建旅游人才培养的国际合作体系；构建市本级、区县和相关院校联动的三级培训体系，建立旅游培训基地和旅游培训中心，实现旅游直接从业人员全员培训。实施小语种人才引进计划，致力优化其创业环境。成立旅游国际化专家咨询委员会，每年设立旅游国际化专题研究项目，构建旅游国际化战略推进的智力支持体系。第四，推进旅游志愿服务建设，提升全民服务意识。整合现有各旅游志愿服务队伍和其他社会资源，开发和完善旅游宣传、多语种翻译等各类旅游志愿服务项目。加强舆论引导，扩大旅游志愿者数量，优化其年龄结构、外语结构、行业结构等。设立志愿者语言援助卡，在各大宾馆饭店、出租车中心、餐馆和旅游信息咨询中心供国际旅游者索取，凭卡可拨打旅游志愿服务热线，获得旅游志愿者提供的语言服务。

（四）打造新型高端度假产业集群

度假产业集群是旅游目的地发展到一定阶段呈现的一种空间组织形式，表现为旅游资源具有空间集聚性、旅游经济总量较大、旅游企业联系密切并初具网络化雏形等特征。四川省旅游发展委员会等 11 部门联合颁布的《关于加快旅游产业园区发展的意见》中指出：以旅游要素集聚和模式创新为动力，充分发挥旅游产业园区的集聚、辐射和带动作用，培育旅游经济发展新动能，推动旅游产业高质量发展，打造旅游度假产业集群，培育一批以旅游生产要素和业态集聚为核心、旅游功能完善、经营主体多元的新型旅游产业园区。

宜宾对此进行了具体谋划：第一，地域空间加快整合。度假产业集群地域空间整合，不仅要使集群的核心层、要素供应层、相关辅助层这三个层次的各要素在空间上聚集，而且要使各层次各要素间协调发展，构建配套完善的综合度假产业体系，更重要的是要优化资源配置，强力打造具有国际知名度和影响力的世界级精品景区和旅游热线，从而提高旅游景区的知名度和美誉度，带动相关产业的发展，进而提高核心层的竞争力和吸引力，放大度假产业集群的集聚效应。宜宾在今后的发展中，要以优势突出的旅游重点景区为依托，整合旅游资源，重点打造十大度假产业集群，即诗画三江度假产业集群、宜宾老城度假产业集群、蜀南竹海度假产业集群、兴文石海度假产业集群、五粮液度假产业集群、八仙山度假产业集群、丝路古道度假产业集群、李庄古镇度假产业集群、金沙平湖度假产业集群、神秘僰人度假产业集群。第二，要素领域加快调整。旅游要素包括“吃、住、行、游、购、娱”等“老六要素”，也包括“商、学、养、闲、奇、情”等“新六要素”。它们是旅游消费的全要素，也是旅游供给侧的全要素。旅游全要素领域的供给侧改革，关键是要进行结构性调整，使供需匹配、对接、平衡、协调，能更好地满足不同旅游消费群体的不同需求。不搞重复建设，不搞同质化生产，消除局部产能过剩，解决供给短板问题，推动旅游供需在更高水平上平稳健康持续发展。同时还要培育新的供给亮点，提高游客旅游的兴奋点，形成品类丰富、组合优良的旅游产品要素链。要关注入境游客的旅游消费偏好，推出适合入境游客的旅游产品服务组合。第三，产业领域加强融合。旅游产业的综合性决定其供给侧改革更需要行业联动、产业融合。旅游行业的主体是旅游企业，作为旅游产品的供给者，其改革的核心是培育独立的、多元化的市场主体。要大力发展各类社会企业，重点培育旅游上市公司、大型旅游集团公司、大型旅游联合体、旅游互联网综合平台等，充分发挥其作为产品供给者的作用，运用市场规律促进其竞争、发展。同时，旅游产业是一个关联性极强的产业，因此，产业融合既是旅游业发展的趋势，也是旅游业供给侧改革的要求。通过改革联动和整合不同产业，形成新的产业形态和供给侧体系，旅游业可依托各种社会资源，与相关产业的供给侧改革对接。例如，旅游+农业、旅游+工业、旅游+教育、旅游+文化等，逐步形成“旅游产业化、产业旅游化”的格局。

科教宜宾：大力建设大学城和科技创新城（科教城）

（一）面向新时代提出建设科教城重大部署

实施创新驱动发展战略，是立足全局、面向未来的重大战略，是加快转变经济发展方式、破解经济发展深层次矛盾和问题、增强经济发展内生动力和活力的根本措施。党的十九大报告更是鲜明提出：创新是引领发展的第一动力。同时也指出，建设教育强国是中华民族伟大复兴的基础工程，必须把教育事业放在优先位置，加快教育现代化，办好人民满意的教育。创新驱动发展处于国家战略发展核心位置，科教兴市战略为创新驱动发展战略提供原动力，创新驱动发展战略为科教兴市战略提供助推器。习近平总书记在深入推动长江经济带发展座谈会上指出，要坚定不移走生态优先、绿色发展之路，永葆母亲河生机和活力。

宜宾作为长江首城，传统的“一白一黑”成长空间正被大幅压缩，高新技术产业产值和战略性新兴产业产值在工业产业增加值中占比正在加大，传统产业技术改造正在加速升级，新兴产业正在崛起，亟待通过科技创新增强内生动力，驱动产业转型发展，教育、科技、人才日益成为宜宾实现跨越发展、建设四川经济副中心的最大短板。宜宾市委、市政府审时度势、站高谋远、充分研判、敢为人先，集全市之智，举全市之力，着力补齐市科教短板，在 2016 年 10 月召开的第五次党代会上，作出了“建设宜宾大学城和科技创新城”重大部署。自科教城启动以来，市委、市政府主要领导亲自领导组织、对接招引、协调推进、督查督办，宜宾上下齐心协力，用“科教效率、宜宾速度”，在短短一年半的时间，以战略化谋划、科学化规划、高效化推进、市场化运作的创新理念和超常举措，开启了建设“立足宜宾，辐射川南，服务四川，影响全国，面向世界”的科教城先河，呈现出了无中生有、从无到有、优中选优的生动局面。截至 2018 年上半年，已完成科教城 36 平方千米概念性总体规划、12 平方千米控制性详细规划以及项目实施修建性详细规划，并已与中国人民大学、同济大学、哈尔滨工业大学等 12 所高校签署战略合作协议，与中国人民大学、同济大学、哈尔滨工业大学、电子科技大学、西华大学、四川理工学院、成都信息工程大学银杏酒店管理学院 7 所高校签署项目落地协议。四川理工白酒学院（一期）已于 2017 年 9 月实现师生顺利入住开学。同时，人大长江院等 6 个产研院已正式挂牌运营。占地约 532 亩（约 35.5 万平方米）、总建筑面积约 22.9 万平方米的宜宾市科技研究中心（一期）项目于 2018 年 12 月建成投入使用，成为高校和产研院科技研发、成果转化、展示交易的重要平台。科教城正在厚积薄发，为推进宜宾乃至川南经济区、长江经济带的转型发展提供强劲的科技和人才支撑。

（二）遵循科教城发展理论指引

宜宾建设科教城，高度重视理论基础及指引。从国内外学者对科教城的研究成果中，可以梳理出区域科技创新理论、科技成果转化理论、三螺旋理论与协同创新理论，作为宜宾科教城发展坚实的理论基础，对科教城发展起到理论化的指引作用。

1. 区域科技创新理论对科教城发展的指引

科技创新分为三个阶段：发明阶段、创新阶段、扩散阶段，而区域科技创新理论的内涵则包括四个方面：区域科技创新要发生在一定的地域空间上；以生产企业、高等院校、研发机构、地方政府和中介服务机构为主体构成；不同要素之间通过经济联系，组成一个区域创新网络，进而形成一个稳定的系统；强调制度安排对区域创新的重要性。基于此，对照该理论的要求可以得出：宜宾科教城在区域科技创新方面还处于初级阶段，需不断强化创新主体的多元化构成、创新要素的网络化关联度、创新系统及制度安排的完善度，以及创新阶段的纵深度。

2. 科技成果转化理论对科教城发展的指引

该理论认为，高科技成果转化过程是高科技产品从“生产到消费的全过程”，可分为四个环节，即高新技术研发、高科技成果转化投入、高科技成果转化产出和高科技产业化。根据该理论的指引，可以看出宜宾科教城在技术成果转化过程的核心阶段还有待加强，高科技成果转化投入环节缺失，自主科技向宜宾新兴产业转化乏力。另外，也提示宜宾科教城的科技成果转化核心环节不足，将会极大影响城市产业结构调整和优化，影响经济持续的跨越式发展。

3. 三螺旋理论与协同创新理论对科教城发展的指引

三螺旋理论由美国社会学家亨利·埃茨科威兹和罗伊特·雷德斯多夫教授在20世纪90年代提出，为宜宾科教城在解决发展过程中政府、大学与企业三方面之间出现的多种协调问题启动指引。当今的经济环境是全球经济的大环境，科技知识、科技成果、科技生产力三者对于创造主体、创新主体、应用主体来说，要构建开放式的协同创新，美国的亨利·切萨布鲁夫教授提出了开放式创新模式。这预示着宜宾科教城的发展将走向开放式协同创新阶段，企业、大学、科研院所（研究机构）三个基本主体投入各自优势资源和能力，在政府、科技服务中介机构、金融机构等相关主体的协同支持下，共同进行技术开发的开放式协同创新活动。

（三）借鉴国内外科教城实践经验

从1955年至今，全球各种类型的科教城已经历了萌芽起步、快速发展、纵深推进三个时期，美国斯坦福研究园、俄罗斯新西伯利亚科学城、英国剑桥科技园、日本筑波科学城、韩国大德科学城、中国台湾新竹科学工业园、苏州独墅湖科教创新区、常州科教城等各种类型的国内外科教城达1000余个，其形成的发展规律、发展趋势、发展模式、发展经验为宜宾科教城发展提供了全方位借鉴。可以总结为如下几个方面。

① 将高教资源优势、地方产业优势、科技政策优势、对外开放优势等充分整合与融合，夯实宜宾科教城发展的基础条件。

从世界各国科教城发展的阶段可以看出，立足地方基础、整合优势资源、实施开放合作、强化特色引领，是科教城可持续发展的根本动力，也是发挥强大功能和带动作用的永续动力。

② 建设教学、科研、产业、服务四大功能主导的复合型综合体，引领科教城功能高级化。

功能单一到功能复合的演变，是科教城发展的基本规律与趋势。以教学、科研、产业、服务四大功能为主导，采取产、学、研、游、住等多功能的组合模式，将宜宾科教城打造成为功能复合、业态多样、配套齐全的新型综合体，使科教城功能不断迈向高端化。

③ 实施高校、研究机构、企业、政府为主体的开放式协同创新计划，营造协同创新生态圈。

开放式协同创新已成为各国科教城秉承的新理念，苏州独墅湖科教创新区就探索出了政府搭台、企业主体、高校唱戏、人才特区、需求导向、多元协作的科教协同创新生态圈，为宜宾科教城建设提供了鲜活样板。

④ 科教城与风投融合，不断拓宽融资渠道。

美国斯坦福研究园、英国剑桥科技园、日本筑波科教城等的成功，一个最大因素就是风险投资与科教城实现融合，开辟了投融资新渠道。美、英、法、日、德风险投资占世界 80% 以上，科教城发展也因此占据世界主导地位。因此，宜宾科教城的发展，急需实现政府、风险投资机构、大学科研机构等的联合，形成多元化投融资渠道。

⑤ 开放与创新的科教文化、完善的中介服务质量、高效的管理运行模式，形成科教城可持续发展的保障。

国外典型的科教城发展，往往通过多年的积累和沉淀，形成了开放、创新、包容、活力和特色的文化底蕴，呈现出勇于创新和冒险、勇于开拓进取的精神，成为文化与科技的双重源地和高地。通信、交通、融资、咨询、会务、日常生活环境及服务水平高，设施齐全，形成了完善的科教城服务体系。另外，科教城的领导体制、管理体制、运行机制科学而高效，也为可持续发展提供了坚实保障。

（四）科教发展呈蒸蒸日上态势

近年来，宜宾大力实施创新驱动发展战略、产业发展“双轮驱动”战略和科教兴市战略，培育创新主体、集聚创新要素、夯实创新基础、完善创新体系，连续三届蝉联国家科技进步先进市，被批准为国家知识产权试点城市，首批获批创建国家技术创新工程四川省试点示范市。科教事业加快发展，创新能力持续提升，为宜宾经济转型和高质量发展发挥着越来越重要的支撑作用。

1. 创新环境不断优化

制定出台了《宜宾市科研院所改革试点责任分工方案》《宜宾市关于共同建设四川省重大科研基础设施和大型科研仪器平台的实施方案》《宜宾市深化市级财政科技计划管理改革方案》等一系列激发创新创造活力的改革措施，建立和完善了以《中共宜宾市委宜宾市人民政府关于实施创新驱动发展战略的意见》为统领的宜宾科技创新政策体系。紧紧围绕宜宾市重点行业、重点技术领域、重大基础设施项目，大力实施“人才+”战略，着力强化人才政策激励，出台了《关于实施“人才+”战略构建人才支撑体系的实施意见》《中共宜宾市委宜宾市人民政府关于支持高端人才创新创业的意见》，大力引进和培育创新团队和领军人才，促进人才发展与经济社会发展深度融合，引进和培养享受国务院政府特殊津贴专家、国家“千人计划”专家、四川省学术和技术带头人等各类科技创新人才近400人，实施高层次人才计划项目28个。2017年，宜宾R&D（科学研究与试验发展）经费支出预计达23亿元，同比增长14.9%；宜宾地方财政科技支出3.08亿元，同比增长9.7%。

2. 创新载体不断夯实

建成国家级精密模具与特种材料集成制造高新技术产业化基地，建成省市产业技术研究院8家、省级以上重点实验室8家、省级产业技术联盟4家，拥有省级农业科技园区7家（其中国家级1家），国家省级国际科技合作基地1个，各类创新载体和平台近400个，以五粮液集团、丝丽雅集团、天原集团、惊雷科技股份有限公司等为代表的传统优势企业获得快速发展，培育了一批高新技术产业和战略性新兴产品，攻克了多项关键技术。新兴产业实现重大突破，引进和建成了以凯翼汽车、四川川南轨道交通运营有限公司、金立手机、朵唯等为代表的新兴产业企业。宜宾市有高新技术企业53家，创新型企业76家（其中国家级1家、省级73家），工程技术中心14个（其中省级3家）。

3. 教育支撑初显成效

近年来，宜宾市委、市政府坚持优先发展、科学发展，基本建立起覆盖城乡的从学前教育到高等教育层次齐全、基础教育与职业教育充分衔接、学历教育与非学历教育有机结合、公办教育与民办教育并行发展的教育体系。到2017年年底，宜宾共有各级各类学校1509所，在校生 89.4 万人，专任教师 5.03 万人。其中高等学校共 3 所（含大学城建设后新增的四川理工白酒学院），在宜就读大学生 3.5 万人，人才支撑作用逐年增强。

4. 服务体系不断完善

建立了文献信息查询、竞争情报分析、专利检索、大型科学仪器设备资源共享和科研检测核心区等公共服务平台。积极推行知识产权质押贷款，建立宜宾商业银行科技支行，获批成立四川省高新技术产业金融服务中心川南分中心，努力形成了多元化科技投入格局。与 20 余家高等院校建立了市校合作机制，搭建了校企合作和成果交流对接平台，协同创新体系进一步完善。在高校、职业学校、科研院所、园区、县（区）建设众多分散式、多层面、链条化的创新创业平台，积极构建“苗圃产业园 + 创客空间 + 科技孵化器”的孵化培育体系。

开放宜宾：多种国家战略优势叠加的内陆开放高地

四川省委书记彭清华在四川省市厅级主要领导干部读书班上明确要求，要进一步解放思想，破除“盆地意识”，以全域思维和全局视野，研究谋划新形势下四川全面开发开放的问题，努力走出一条内陆地区对外开放的路子。宜宾市委、市政府贯彻落实习近平总书记关于四川“努力走在西部全面开发开放前列”“打造立体全面开放格局、建设内陆开放经济高地”的重要指示及彭清华书记讲话精神，积极推进宜宾的对外开放。

（一）面临开放新机遇

宜宾建设开放新高地面临着优良的历史机遇。

1. 地理区位及交通建设带来通道优势

宜宾是川滇黔接合部区域中心大城市，长江黄金水道的起点，南丝绸之路的重要节点，长江经济带和“一带一路”交会城市，是四川东向水路南向陆路开放通道战略支撑体系节点城市。宜宾向南可通过成贵高铁经贵阳、广西进入珠三角经济圈，通过渝昆高铁经昆明连接孟中印缅经济走廊和中国—中南半岛经济走廊经济圈；向北可通过成宜高速公路连接成都平原经济圈，通过中欧班列融入新亚欧大陆桥经济走廊；向东可依托长江黄金水道通江达海发展多式联运，全面融入长江经济带；向西可通过宜西铁路、宜攀高速公路连接攀西战略资源创新开发试验区，经大理、瑞丽连接东盟自贸区达孟加拉湾至缅甸皎漂港，衔接21世纪海上丝绸之路。优越的区位及交通优势，可以使宜宾成为贯通南北、连接东西、通江达海的全国性综合交通枢纽，这有利于宜宾全面融入国家“一带一路”和长江经济带发展战略，并助推其自身乃至四川全省经济社会高质量发展。

2. 多项国家战略推进带来叠加优势

宜宾开发、开放、发展具有国家战略叠加优势，是国家推进“一带一路”建设、长江经济带发展、新一轮西部大开发、自贸试验区建设等多个国家战略的综合受益者。宜宾是国家实施“长江经济带”战略的重要支撑城市。宜宾作为长江起点门户，是长江经济带发展的咽喉要道，宜宾港已经具备商贸、物流、信息等综合功能，特别是与上海、武汉等12个海关签订一体化通关协议，实现了一次报关、通江达海。长江经济带的发展注定将为“万里长江第一城”的宜宾注入新活力、带来新机遇。宜宾是国家推进“一带一路”建设的节点城市。宜宾地处南丝绸之路经济带，南可接东盟自贸区、衔接21世纪海上丝绸之路，进入珠三角经济圈、连接孟中印缅经济走廊；东可依托长江黄金水道通江达海，促进西部地区资源要素和发达地区内流外转，推动国家开发开放向西部内陆地区特别是川滇黔接合部地区纵深推进。同时，宜宾是四川自贸试验区的全省首个协同改革先行区，有利于宜宾更好承接国家和四川重大生产力布局，使其在全国全省发展格局中将占据更加重要的位置，为招商引资提供了更加有利的条件。

3.“一干多支”发展格局带来区域机遇

四川长期以来形成的省域经济的最大特点就是成都一城独大，其所带来的弊端就是全省的生产要素在成都高度集中，各个地级城市开发开放相对落后。省委书记彭清华在全省市厅级主要领导干部读书班上的开班式上指出，要处理好支持成都率先发展和注重区域均衡发展的关系，既毫不动摇支持成都做大、做优、做强，又按照差异化发展要求，打造几个各具特色的城市群，培育几个具有一定带动力的区域性经济中心城市，形成“一干多支”发展格局。这是省委在精准把握新时代四川发展所处的历史方位基础上，着力解决四川发展不平衡、不充分的突出问题，推动区域协调发展、平衡发展的一次重要部署。在此背景下，各地级市的开发开放水平将得以提升。目前宜宾整体发展情况处于省内前列，宜宾将更多受益于“一干多支”发展格局。这将是宜宾迈向新时代、开启新征程、实现新作为的重大机遇。

（二）开放平台日渐完备

园区平台方面，形成了以临港开发区为核心的“一区多园”开发开放平台。宜宾现拥有 1 个国家级经济开发区——宜宾临港经济技术开发区。宜宾临港经济技术开发区规划面积 168 平方千米，是中西部唯一以“临港”命名的国家级经济技术开发区和长江经济带国家级转型升级示范开发区，连年在国家级经济技术开发区综合发展水平考核评价中排名前列，正着力打造中国西部智能终端产业集群中心、四川省智能终端产业示范基地。另外还有 1 个国家级农业科技园区，以及五粮液产业园区、罗龙工业集中区等 13 个产业园区。

对外开放平台方面，自贸区协同改革取得突破。2017 年 11 月，四川省自贸试验区领导小组全体会议审议通过并正式印发了《宜宾临港经济技术开发区参与川南临港片区协同改革工作计划》，宜宾已参与产业协同、平台协同、制度对接三大板块共计 34 项的协同改革工作。2018 年 3 月 16 日，国家交通运输部正式批复宜宾港水运口岸临时开放，填补了四川港口没有国家开放口岸的空白。2018 年 4 月宜宾正式向国务院递交设立宜宾综合保税区的请示，口岸功能与保税设施完备。拥有宜宾港保税物流中心、宜宾进境粮食指定口岸等对外开放平台。

对外交往平台方面，宜宾已与多个欧、美城市建立友好合作关系。与美国南卡罗来纳州哥伦比亚市等多个国际城市缔结友好城市，与英国卢顿区、英国安格斯市、俄罗斯奔萨市、法国枫丹白露市、乌干达大马萨卡区等多个城市结成了国际友好合作关系城市。目前正在筹划建立更多的对外交往渠道和平台。另外宜宾还和省外的诸多政府、协会、大型企业签订了战略合作协议。

（三）积极开拓开放新格局

1. 构建南向大通道

（1）加快南向铁路大通道建设

四川铁路运输大通道经过宜宾的主要是“成贵、蓉（渝）昆、内昆、宜西”四大通道。

成贵高铁通道。国家新一轮“八纵八横”高铁路网中兰广纵线的重要组成部分（时速 250 千米），即通过成贵高铁北向连接西成、成兰铁路，南向连接贵广、沪昆高铁，形成宜宾北上经成都由西成高铁前往北京、哈尔滨；由成兰铁路前往兰州、新疆至新亚欧大陆桥经济圈的骨干高铁运输通道（8~10 小时到达）。往南经贵阳由贵广高铁前往广州、香港，由桂南城际前往南宁、防城港，由沪昆高铁分别前往上海、昆明等地区的高铁运输大通道（6~8 小时到达）。

蓉（渝）昆高铁通道。国家新一轮“八纵八横”高铁路网中京昆纵线的重要组成部分（时速 350 千米），即通过蓉昆高铁在宜宾连接渝昆高铁，宜宾可由该通道北向经成都前往兰州、西安、北京等西北、华北地区；成都可经宜宾东向前往重庆、武汉、上海等华中、华东地区，南向经昭通、昆明前往孟中印缅经济走廊和中国—中南半岛等地的高铁运输通道（6~8 小时到达）。

内昆普铁通道。四川连接广西、贵州、云南三地的国家南北向干线铁路通道（时速 120 千米），即通过既有成渝铁路、内六铁路连接贵昆铁路，成都可由该通道南向经宜宾分别前往广州、香港，南宁、防城港，昆明、东南亚等地，成为成都地区通往珠三角、北部湾、中南半岛经济圈，连接 21 世纪海上丝绸之路 3 个方向（均约 2200 千米）的陆路出海运输大通道。

宜西通道。通过规划宜宾至西昌铁路（时速 160 千米），形成四川由宜宾（宜宾港）经西昌、瑞丽至缅甸皎漂港，连接孟中印缅经济走廊的陆路出海通道。该通道全长约 1600 千米，今后西亚、欧亚等地物资可由皎漂港上岸，通过宜西通道直接与长江黄金水道相连下水前往我国华中、华东等长三角地区，相较现在由马六甲海峡绕道运输缩短近 6300 千米，解决我国在印度洋—南海之间海上绕道运输的“卡脖子”问题，成为我国陆上衔接 21 世纪海上丝绸之路的最短距离出海运输大通道。

（2）加快南向公路大通道建设

成都—宜宾—昆明高速公路通道。该通道主要由成宜高速公路（或经由成乐宜高速公路、成自宜高速公路）、渝昆高速公路（或宜昭高速公路）构成成都南下经宜宾前往昭通、昆明至东南亚、南亚等地区，实现成都地区连接中南半岛经济圈和孟中印缅经济走廊的最便捷的南向出川高速公路运输大通道，该通道全长约 750 千米，相比成都经雅安至昆明高速公路缩短近 300 千米，对实现成都地区与滇中经济区的客货运快速中转运输具有重要作用。

成都—宜宾—南宁高速公路通道。该通道主要由成宜高速公路（或经由成乐宜高速公路、成自宜高速公路）、宜叙高速公路、叙贵高速公路、贵宁高速公路构成成都南下经宜宾前往贵阳、南宁至防城港到北部湾地区的便捷南向出川高速公路运输大通道。该通道全长约 1100 千米，是连接长江经济带与 21 世纪海上丝绸之路经济带的重要通道，同时也是连接川滇黔的矿产资源大通道、旅游黄金大通道、老少边穷地区脱贫致富大通道，对加强四川与贵州、广西等地区的物资人员交流具有重要作用。

成都—宜宾—广州高速公路通道。该通道主要由成宜高速公路（或经由成乐宜高速公路、成自宜高速公路）、宜叙高速公路、叙贵高速公路、贵广高速公路构成成都南下经宜宾前往广州、香港等地区的南向出川高速公路运输大通道。该通道全长约 1500 千米，对实现成渝经济区与珠三角经济区的互动协作和战略交流既有重要意义。

干线公路（普通国省道）。普通国省道 G247、G246、S212、S214、S436 等纵向干线、联络线，是成都及周边地区南向出川通道中高速公路与农村公路的纽带，连接沿线城市、县、主要乡镇及旅游景点、港口、码头、机场、车站等主要交通集散地，其开放式的交通方式更有利于带动地方经济发展。

（3）完善港口集疏运体系

宜宾港地处成都—贵阳、重庆—昆明 X 形交通交会处，成渝经济区和川南经济区的核心区，是成渝城市群南接大湄公河次区域、中印孟缅经济走廊重要节点，是国家长江经济带发展战略规划的十大重要港口之一。完善宜宾港港口集疏运体系建设，增强宜宾辐射吸纳功能，为发挥多式联运效益提供支撑。

（4）加快航空港建设

以促进与南向沿海港口城市和陆地边境口岸的连通对接为目标，

加强与珠三角的联系，力争开通宜宾至惠州、珠海航线；搭建与广西北部湾地区的空中通道，力争开通宜宾至南宁、桂林、北海航线。2019 年 12 月宜宾新机场建成并运行，积极筹备开通东南亚国际航线相关事宜。

2. 建设南向大物流

（1）着力解决现代物流业瓶颈问题

一是完善物流基础设施，优化物流节点空间布局。其一是打造铁路、公路、水运、航空“四港”互动的全四川南向开放通江达海的综合交通枢纽中心，加快推进促进南向大物流发展的铁路和公路项目建设和长江沿线港口集疏运体系建设；其二是积极推进长江沿岸海关通关一体化改革，打破关区界限，促进区域内自由流通；其三是及早规划建设枢纽型物流园区，建成物流集散市场。

二是深化物流领域改革创新，制定完善现代物流业发展扶持政策措施。其一是多渠道、全方位加大政府对物流业发展的资金政策支撑；其二是出台优惠政策，优先保障物流用地；其三是全面落实国家税收优惠政策；其四是支持银行与物流园区合作定制物流金融服务产品；其五是制定和完善服务业创新发展政策。

三是建设一批大型物流集聚区，引进和培育现代物流企业。以临港国际物流园区综保区、国家临时对外开放口岸、四川自贸区宜宾协同改革先行区三大对外开放新平台为依托，构建以专业化、集约化、网络化、信息化的多层次物流服务体系，全面实施“一核、两园区、三中心、十城乡配送中心、N 个服务站”多层次物流体系。建设一批如象鼻公铁物流园区、菜坝城乡物流园区，重点引进和培育与物流园区相匹配的现代物流企业。

（2）推动港产城联动发展

加强宜宾港与川滇黔结合部城市之间的联动，强化与南向节点城市的协同开放合作，打造港口、物流、产业融合发展示范区，按照“四港互动”的集疏运综合发展理念，形成涵盖港航服务、商贸物流、临港加工、港口金融等产业的现代物流体系，积极融入四川南向物流大通道建设。

（3）探索创新多式联运新模式

通过开展多式联运，实现公、铁、水、空基础设施高效衔接，铁水、公水联运运营模式创新，多式联运信息的互联互通，积极探索航空港、铁路港、公路港、水运港“四港合一”，物流、商流、信息流、资金流“四流合一”。

3. 打造开放大平台

一是积极参与四川自贸区协同改革工作。宜宾作为四川三大自贸区的协同改革先行区，四川将在级事权下放、制度创新、贸易便利化改革等方面对宜宾参与协同改革进行支持。要全面推动协同改革工作计划的 34 项工作任务落地实施，全面开展制度创新和总结评估工作，形成一批制度创新成果并进行推广复制，进一步优化宜宾的政务营商环境，以环境的开放优化带来产业的发展活力。

二是大力推进综合保税区申建工作。整合市区两级招商力量，组建专业招商队伍，通过精准招商、委托招商、以商招商等模式，招引长三角、珠三角、台湾等地区有影响力和带动力的大型出口加工企业和服务贸易企业入驻综合保税区。规划建设方面，明确综合保税区开发建设模式和投资主体性质，加快综合保税区投融资和开发建设进度。

三是用好临时开放口岸。稳定和发展好进境粮食口岸功能，立足地方特色开展进口木材业务，在临港片区形成木材集散地和交易市场，辐射整个西南乃至滇东北地区。依托临港产业发展平行进口汽车业务，通过铁公联运、铁水联运将使得汽车销售成本和时间成本大大降低。完善港口服务功能，用好外籍轮船代理资质，降低企业物流成本。

四是扩大对外交往渠道。积极思考建设新的对外开放平台和渠道，主动和国际、区域性组织联系对接，建立更多的国际友好合作城市，积极争取发起创办“世界名河首城生态城市联盟”等开放平台，积极建立宜宾自己的城市朋友圈。

4. 融入国家大战略

一是主动融入“一带一路”建设。积极推进基础设施互联互通，加快构建综合运输大通道，主动参与国际经济走廊建设，促进宜宾对外经贸投资合作，带动与周边国家和地区经济联动发展。调整优化区域产业布局，加强与重点国家和地区的产能和装备制造合作，统筹布局一批特色鲜明、示范带动性强的境内外产业集聚区和示范基地，努力构建国家“一带一路”西向、南向开放合作的产业支撑。创新贸易发展方式，加快品牌培育，加强外向型产业园区、贸易平台建设，精心组织开展“千企行丝路”“万企出国门”活动，聚焦重点地区、重点项目、重点企业，突出经贸和产能合作，打造一批示范性项目和领军企业。积极推动与沿线国家和地区的人文交流，主动参与国家统筹安排的文化旅游合作，提升宜宾文化旅游产业与周边国家和地区的融合程度。

二是加快推动长江经济带建设。加强与沿江省、市在生态环境保护、基础设施联通、绿色产业发展等方面的联动合作，促进上下游协同发展、东中西互动发展。依托黄金水道，统筹铁路、公路、航空、管道建设，加强各种运输方式的有效衔接和综合交通枢纽建设，对接国际大通道，着力构建辐射中西部、连接国内外的长江上游综合立体交通走廊。加强连接周边城市的交通基础设施建设，共同推动长江航道和水运建设。加快融入长江经济带现代产业走廊建设，加大承接东部产业转移力度。通过发展园区经济、流域经济、通道经济，不断壮大宜宾特色优势产业，积极推进“8+2”高端成长型产业和电子商务、现代物流、现代金融、科技服务和养老健康五大新兴先导型服务业发展。进一步优化开放型经济区域发展布局，强化市域内的产业、要素、物流合作，共建专业市场和商圈，打造长江经济带商贸走廊。更加重视开放型临港经济和通道经济，与周边城市共同打造开放园区和外向型经济平台。

宜宾从“五美”到“六美”

我首次到宜宾，是 2017 年的 12 月，是为了组织 12 月 18 日在宜宾召开的长江经济带大论坛。宜宾市委宣传部部长接待了我，她为了让我深刻了解宜宾，对宜宾的方方面面都做了深入地讲解，并尽可能多地参观和实地调研。其中给我印象最深刻的是宜宾的“五美”，即山美、水美、酒美、茶美、食美。宜宾的五美确实突出了宜宾的特色和优势，前文论述的“六个宜宾”也很专业地介绍了宜宾的山、水、酒、茶等，在旅游部分也涉及一些宜宾的美食，我在此想特别提一下宜宾燃面，很有特色，很有味道。

当我听完宜宾“五美”的一瞬间，我就意识到这个归纳不够完美。一是在中华传统文化中数字有不同的色彩，比如3、6、9就更有人文价值一些；二是我直观地觉得五美当中缺了什么。当时，我和部长就“五美”做了些讨论，大致是对于任何地方、任何事物，最关键的都是人，而且宜宾人也很不错，这次来宜宾，对宜宾人留下了深刻的印象，宜宾人也是美的；如果把宜宾的“人美”也加进去，就是“六美”了，而且就把“五美”的“五”规避掉了；如果直接使用“人美”，会比较俗气，也容易让人产生误解，而人最可贵之处是品德，可以考虑使用“品美”或“德美”，我当时略微倾向于使用“品美”。之后参加宜宾市委政研室的年终聚会，我特别讲了宜宾“六美”，还征求了大家对“品美”与“德美”的看法。

在我撰写这部分文字时，我觉得使用“德美”更好一些，因为它比“品美”更直接，更不会被曲解。到此为止，宜宾“六美”为山美、水美、酒美、茶美、食美、德美。把“德美”放在最后，作为总结和拔高吧。

专家有话说

我们要有一双发现美的眼睛，要有一颗发现美的心灵。同时，我们也要有一双创造美的手，更要有一个创造美的思想。来到宜宾，我首先感觉宜宾这个名字很美，当被告知宜宾“五美”时，内心就有很强的认同感和触发感。于是乎，潜意识地思考宜宾为何“五美”，直观地觉得缺了什么，而后经过思考，觉得“德美”比既有的“五美”更重要，而且能够提升到“六美”，“德美”在“六美”中形成概括与拔高。到此，浮现出了宜宾“六美”：山美、水美、酒美、茶美、食美、德美。愿宜宾“六美”为“六美”宜宾的创造与发展传播真美、大美、最美。

作者简介

罗来军，曾长期担任中国人民大学对中共中央办公厅、国务院办公厅政策直报工作，现负责中国人民大学研究机构长江经济带研究院建设。现为中国人民大学长江经济带研究院院长、中国方案研究院执行院长、《国家治理研究》主编、习近平新时代中国特色社会主义思想研究院特邀研究员、国家发展与战略研究院研究员、经济学院教授、博士生导师。

突出的智库事项：

①负责中办、国办政策直报工作期间，在中办的评分中，人大快速上升到第一，并多年排名第一，且遥遥 领先于其他名校。最突出的是 2016 年，人大获得 1690 分，而排第二名的大学获得 201 分。

②针对十九大召开，为人大策划“治国理政新理念新思想新战略”研究丛书（十卷：理论卷、经济卷、政治卷、法治卷、社会卷、历史文化卷、科技教育卷、生态文明卷、治党卷、外交卷），获得了中央的高度赞扬和重视，该丛书被摆上十九大的会议现场。

③负责人大长江院组建的第一年便获总书记等中央领导以及省部级批示 16 次。《决策参考》前 3 期内参，作者获省部级及以上领导批示 7 次，其中政治局常委批示 1 次，副总理批示 1 次，还收到四省市

区考察调研、做规划专家的邀请。这一现象被智库界赞誉为“智库奇迹”。

④所提的“稳就业”建议被中央采用，2018 年 7 月 31 日召开的中共中央政治局会议提出六稳，其中“稳就业”放在第一位。这是中央首次采用“稳就业”提法，稳就业开始进入中央的宏观管理视野。

⑤承担党中央交办的全国改革案例编选任务。中央组织部组织实施“贯彻落实习近平新时代中国特色社会主义思想，在改革发展稳定中攻坚克难的生动案例”编选工作，总书记等中央领导作了详细批示。

⑥应邀出席新中国成立 70 周年阅兵典礼，并接受人民日报社、新华社等中央媒体现场采访。

⑦作为“男主角”拍摄中央领导点题的《长江之恋》，收视在全国卫视相关节目曾排名第一；并成功入选 2019 年度中国最具影响力十大纪录片作品。

⑧《光明日报》整版刊发对宜宾脱贫攻坚工作的一线调研。

⑨多次接受中央电视台、中国国际广播电台采访报道，并上央视《新闻联播》。

全国性或国家部门奖项荣誉等：国家“新世纪优秀人才支持计划”；教育部第八届高等学校科学研究优秀成果奖（人文社会科学）著作论文奖二等奖；“文明之光 · 2019 中国文化交流年度人物”；中央网信办“2019 年度优秀网评作品”；全国法制与廉政文化教育中心（全国人大、全国政协、中宣部、中组部、最高法、最高检、司法部、国务院法制办、国务院新闻办等共同发起的全国普法万里行委员会批复成立）专家顾问委员会委员；人民网 2018 年度、2019 年度“十大好声音”；

2019 年度中国最具影响力十大纪录片作品（作为“男主角”拍摄中央领导点题的《长江之恋》）。

咨政内参多篇被中央采用和获中央领导批示，部分内参已经为国家经济建设和社会发展起到了显著作用。主持、参与国家部委政策研究，省市等地方政府政策研究、发展规划 30 多项。

在《World Economy》《International Journal of Technology Management》《China & World Economy》《经济研究》《管理世界》《经济学（季刊）》《世界经济》等国内外权威、核心期刊,《人民日报》《光明日报》《经济日报》、人民网等媒体，发表文章 200 多篇，论文曾获省部级奖项，多篇媒体发文得到全网转发；参与国家与省部级等课题 20 多项。